reinhardt

erleben & lernen

Band 4

Herausgegeben von

Prof. Dr. Michael Jagenlauf, Universität der Bundeswehr, Hamburg

Prof. Dr. Werner Michl, Georg-Simon-Ohm Fachhochschule, Nürnberg

Hubert Kölsch • Franz-Josef Wagner

Erlebnispädagogik in der Natur

Praxisbuch für Einsteiger

Mit Illustrationen von Barbara Hofmann
2. Auflage

Ernst Reinhardt Verlag München Basel

Hubert Kölsch, München, geb. 1966, Studium der Ägyptologie, Geographie und Sozialpädagogik, Weiterbildung in Systemischer Therapie und Beratung. Geschäftsführer verschiedener Unternehmen im Bereich Personalentwicklung, langjähriger Lehrbeauftragter an der Fachhochschule für Sozialpädagogik in München, Trainer und Berater in der Erwachsenenbildung.

Franz-Josef Wagner, Hohenpeißenberg, geb. 1964, Studium der Sozialpädagogik und Sportwissenschaften, Tätigkeiten in der Jugendarbeit, Behindertenpädagogik und Erwachsenenbildung, langjährige Tätigkeit bei OUTWARD BOUND in Deutschland und den USA, Personalreferent bei Compaq und Hewlett-Packard mit Schwerpunkt Personalentwicklung und Führungskräfte-Training.

Umschlag: Unter Verwendung einer Zeichnung von Barbara Hofmann

Bibliografische Information der Deutschen Bibliothek

Die Deutsche Bibliothek verzeichnet diese Publikation
in der Deutschen Nationalbibliografie; detaillierte bibliografische Daten
sind im Internet über <http://dnb.ddb.de> abrufbar.
ISBN 3-497-01688-8
ISSN 1612-8966
2. Auflage

Printed in Germany
Reihenkonzeption Umschlag: Oliver Linke, Augsburg
Satz: Fotosatz Amann, Aichstetten
Druck und Bindung: Friedrich Pustet, Regensburg

Ernst Reinhardt Verlag, Kemnatenstr. 46, D-80639 München
Net: www.reinhardt-verlag.de Mail: info@reinhardt-verlag.de

„Erziehung zum Weltbürgertum: Sie ist die der Erziehung innewohnende Idee zur Herstellung des Friedens.
Sie ist darüber hinaus die innewohnende Idee einer Erziehung, die die Liebe zur Wahrheit, zur Gerechtigkeit und zur Schönheit des Lebens als bildende Mächte ansieht.“

In Erinnerung an Minna Specht

Inhalt

Vorwort

... und jedem Anfang wohnt ein Zauber inne,
der uns beschützt und der uns hilft zu leben.

▒ Was bewegt uns, dieses Buch zur Erlebnispädagogik zu schreiben ...?

Sicher die Erfahrungen und Erfolge, die wir mit unserer erlebnispädagogischen Tätigkeit in vielen kleinen und großen Projekten erleben durften: Mit Jugendlichen, die in ihrer Persönlichkeitsentwicklung Schritte in eine neue Richtung gingen, mit Managern, die ein anderes Verständnis von Führung und Zusammenarbeit kennenlernten, mit behinderten Menschen, die sich bisher unbekannte Handlungsräume erschließen konnten. Sicher auch die Überzeugung, dass Erlebnispädagogik nie zu Ende gedacht ist und dass Weiterentwicklung und Qualitätsverbesserung notwendig bleiben. Und sicher auch der Wunsch, das, was wir gelernt und erfahren haben, an Kolleginnen und Kollegen weiterzugeben.

▒ Für wen wollen wir dieses Buch schreiben ...?

Für alle, die an der Praxis der Erlebnispädagogik interessiert sind, die im Handlungsfeld Natur lernen und lehren, die mehr wissen wollen, über erlebnispädagogische Aktivitäten, die Details zu einzelnen Übungen benötigen oder die an übergeordneten Themen weiterarbeiten. „Erlebnispädagogik in der Natur“ erscheint in der Buchreihe „erleben & lernen“. Bernd Heckmair und Werner Michl haben in dieser Reihe mit ihrem Buch „Erleben und Lernen – Einstieg in die Erlebnispädagogik“ das Fundament für die Theorie der erlebnispädagogischen Arbeit gelegt. Wir verstehen diese beiden Bücher als Ergänzung füreinander.

Wir sollen heiter Raum um Raum durchschreiten,
an keinem wie an einer Heimat hängen,
der Weltgeist will nicht fesseln uns und engen,
er will uns Stuf' um Stufe heben, weiten.

▪ Das Buch haben wir in drei Teile gegliedert …

Im ersten Teil nehmen wir zu verschiedenen Themen Stellung, die uns für die praktische Arbeit im Handlungsfeld Natur von Bedeutung erscheinen: Abfolgen, Finanzierung, Lernmodelle, Ökologie, Qualifikation der Trainer, Recht, Sicherheit, Versicherung. Der zweite Teil stellt erlebnispädagogische Aktivitäten vor: Initiativübungen, Problemlösungsaufgaben, Aktivitäten in den Bergen, auf dem Wasser und unterwegs. Der dritte Teil versteht sich als Kontrapunkt zu den beiden praxisorientierten Teilen: In der Form eines Essays möchten wir die Diskussion über eine Standortbestimmung und mögliche zukünftige Denkweisen anregen.

▪ Wir haben uns in diesem Buch entschieden …

… im Interesse der Einheitlichkeit und Lesefreundlichkeit auf manche Differenzierungen zu verzichten. Wir gebrauchen ausschließlich den Begriff „Erlebnispädagogik" und subsumieren darunter auch den in der Erwachsenenbildung häufig verwendeten Begriff „Outdoor-Training". Gruppenleiterin, Teamer, Leiterin, Betreuer sind unterschiedliche Titel für die gleiche Tätigkeit – wir haben uns auf Trainer/in geeinigt und verstehen darunter Menschen, die eine Aktivität anleiten, den Prozess begleiten, den Transfer moderieren und die Verantwortung für die Sicherheit tragen. Um flüssig zu schreiben und nicht gegen die (noch) bestehende Rechtschreibung zu verstoßen, verwenden wir stets entweder die weibliche oder die männliche Form – von Kapitel zu Kapitel wechselnd. Dabei sind stets Frauen und Männer angesprochen.

Kaum sind wir heimisch einem Lebenskreise
und traulich eingewohnt, so droht Erschlaffen,
nur wer bereit zu Aufbruch ist und Reise,
mag lähmender Gewöhnung sich entraffen.

▪ Für die geistige Unterstützung und tatkräftige Mithilfe bei der Entstehung des Buches möchten wir uns bedanken:

Gustav Harder war an der Idee maßgeblich beteiligt und hat das Konzept für das Buch mitentwickelt. Alex Golz hat uns bei den Aktivitäten auf dem Wasser mit seiner Fachkenntnis weitergeholfen. Christian Heimerl hat die Ausführungen zu Recht und Versicherung kritisch auf die sachliche Richtigkeit hin überprüft. Christiane Jäger half mit der passenden Mischung aus Beharrlichkeit und Geduld, das Buch für die Erstauflage endgültig fertigzustellen. Anke Plöhn sorgte für sprachliche und orthographische Korrekturen. Hermann Hesse begleitet uns im Vorwort mit seinem Gedicht „Stufen" aus dem „Glasperlenspiel". Wesentliche Inhalte des dritten Teils verdanken wir Ideen und langen Gesprächen mit Wolfgang Dambmann. Ulf Händel, der im Oktober 1997 nach langer schwerer Krankheit verstorben ist, beeinflusste mit seiner philosophischen Annäherung an die Erlebnispädagogik unsere Gedanken zum Thema Standortbestimmung und Perspektiven. Unser besonderer Dank gilt Barbara Hofmann, die bis zuletzt ihre Finger in unserem Manuskript hatte und so mit viel Einfühlungsvermögen die Inhalte der Aktivitäten in Illustrationen umsetzte.

Des Lebens Ruf an uns wird niemals enden …
Wohlan denn, Herz, nimm Abschied und gesunde!

Unsere Arbeit an diesem Buch endet hier …

… und wir möchten jetzt die Leserinnen und Leser auf ihre Reise schicken. Handlungsorientiertes Lernen in der Natur ist heute aus der Erziehungs- und Bildungsarbeit nicht mehr wegzudenken. Wir hoffen, Sie zu ermutigen, eigene erlebnispädagogische Erfahrungen zu machen und diese in Ihre Lebens- und Arbeitszusammenhänge einfließen zu lassen. Wir freuen uns, wenn das Buch Sie dabei unterstützen kann.

Hubert Kölsch und Franz-Josef Wagner

TEIL I

Grundlagen für die praktische Arbeit im Handlungsfeld Natur

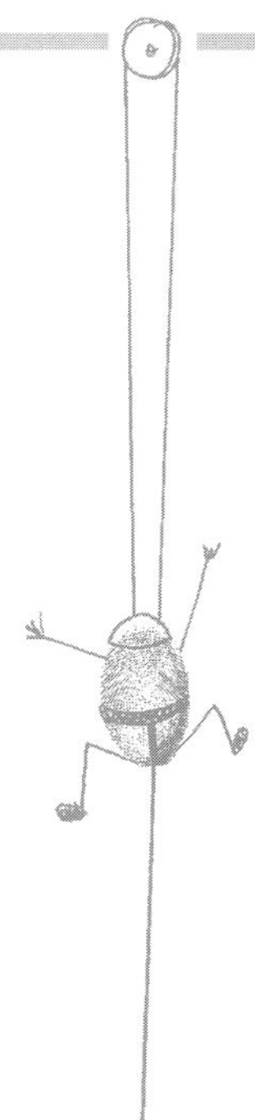

Vom Rhythmus des Lernens – Abfolgen –

Anfang

> *Gestern haben wir einen neuen Gymnastiklehrer gekriegt. „Ich heiße Hektor Schöffler", hat er zu uns gesagt. „Und ihr?" „Wir nicht!" hat Fabian gerufen und da haben wir alle lachen müssen.*
>
> Jean-Jacques Sempé

Jedes Seminar bedeutet für Teilnehmer und Trainer den Beginn eines gemeinsamen Lernprozesses. Damit sind Erwartungen, Befürchtungen, Hoffnungen und Wünsche verbunden. Zwei spezielle Situationen sollen näher betrachtet werden:

Ängste zulassen

- Einige Teilnehmer kommen mit *Angst vor physischer (und psychischer) Überforderung*. Sie finden ein Umfeld vor, das ihnen unbekannt ist, sie haben in den Medien über Survival-Trainings gelesen, bei denen sich die Teilnehmer nur von Regenwürmern und Wurzeln ernährten, vor ihrem geistigen Auge sehen sie Bilder vom Bungeespringen, Canyoning und Raften. Hinzu kommt, dass die Informationen im Vorfeld meistens nur recht spärlich fließen: Die Inhalte des erlebnispädagogischen Seminars werden auf die natursportlichen Aktivitäten reduziert.

  Informieren statt verheimlichen

  Diese Ängste und Bedenken können abgebaut werden, wenn sie zugelassen werden, wenn Teilnehmer den Raum und die Atmosphäre erleben, diese Ängste zu äußern. Dazu gehört selbstverständlich auch, dass der Trainer so genau wie möglich über die geplanten Aktivitäten informiert.

Spaß und Lernen verbinden

- Eine zweite typische Anfangssituation ist die *Erwartung von Urlaub, Action und Incentiv*. Die äußeren Gegebenheiten und die Aktivitäten drängen – aus Sicht der Teilnehmer – pädagogische Überlegungen und Lernthemen in den

Hintergrund. Für den Trainer stellt sich die Aufgabe, mit den Teilnehmern Lernziele des Trainings zu erarbeiten und festzulegen. In manchen Fällen wird dies nicht am Anfang des Seminars, sondern erst nach einigen Aktivitäten gelingen. Dies mag darin begründet liegen, dass viele Teilnehmer sich unter der Methode „Erlebnispädagogik" nichts oder nur wenig vorstellen können.

Für beide Situationen hilft der Einstieg mit einer kleinen Aktion. Bei einer Initiativübung wie „Balken" oder „Blind nach Nummern aufstellen" wird das Besondere eines erlebnispädagogischen Trainings schnell deutlich und die Teilnehmer erleben, was es heißt, Erfahrungen zu reflektieren.

Spielregeln für erlebnispädagogische Trainings

Am Anfang eines Seminars müssen Informationen zwischen allen Beteiligten ausgetauscht und Absprachen über den Umgang miteinander getroffen werden. Die allgemein üblichen „Spielregeln" (Offenheit nach innen, Verschwiegenheit nach außen, Verantwortlichkeit aller für das gemeinsame Lernen, Ansprechen von Störungen, Pünktlichkeit) sollten bei erlebnispädagogischen Trainings sinnvollerweise um zwei weitere ergänzt werden:

- *Sich auf Neues einlassen.* Vieles vom dem, was die Teilnehmer erleben, wird für sie „fremd" sein. Die grundsätzliche Bereitschaft zu neuen Erfahrungen hilft sowohl den Teilnehmern als auch dem Trainer.

- *Stopp sagen.* Als Pendant zur ersten Regel haben die Teilnehmer die Möglichkeit, „STOPP!" zu sagen – wenn sie sich unsicher fühlen, Ängste bedrohlich wirken, Grenzen erreicht sind und diese nicht überschritten werden sollen. Diese Absprache ist Ausdruck für die Eigenverantwortlichkeit der Teilnehmer, sie erfordert von allen Beteiligten die Akzeptanz individueller Unterschiede.

Anfangssituationen treten aber auch bei jeder einzelnen Aktivität auf:

klare Einführungen

- *Die technisch-methodische Einweisung* vermittelt den Teilnehmern die Informationen, die sie unbedingt benötigen, um die Übung in Angriff nehmen zu können. Sie muss klar, verständlich und umfassend sein, den Kenntnisstand der Teilnehmer berücksichtigen, alle Sicherheitsaspekte behandeln und – vor allem bei physisch und psychisch fordernden Aufgaben – die Angst vor Überforderung nehmen.

Lernen vorbereiten

- Die Hinführung zu den *Lernzielen* und *Lernthemen* der Aktivität weist eine große Spannbreite auf, die von der Intention des Trainers abhängig ist. So kann bspw. die Übung „Seilquadrat" ohne thematische Einstimmung durchgeführt werden, der Fokus liegt dann auf allgemeinen Aspekten von Zusammenarbeit. Im Sinne eines „Frontloading" (vgl. Kapitel „Lernmodelle") kann aber bereits vor der eigentlichen Übung die Thematik, um die es bei der Übung geht, angesprochen werden.
  Grundsätzlich muss diese lernzielorientierte Einführung auf die Teilnehmer einerseits und die Rahmenbedingungen des Trainings andererseits abgestimmt sein.

Übergänge

Der Lattenzaun
Es war einmal ein Lattenzaun,
mit Zwischenraum, hindurchzuschaun.
Ein Architekt, der dieses sah,
stand eines Abends plötzlich da –
und nahm den Zwischenraum heraus
und baute draus ein großes Haus.
Der Zaun indessen stand ganz dumm,
mit Latten ohne was herum.
Ein Anblick gräßlich und gemein.
Drum zog ihn der Senat auch ein.
Der Architekt jedoch entfloh
nach Afri- od- Ameriko.

Christian Morgenstern

den „roten Faden" sichtbar machen

Erlebnispädagogische Trainings sind mehr als die Aneinanderreihung verschiedener Aktivitäten, und jede Aktion ist mehr als eine Zusammensetzung aus Vorbereitung, Durchführung und Reflexion. Wie ein „roter Faden" verbinden Übergänge die einzelnen Phasen und Abschnitte innerhalb einer Aktivität, verknüpfen mehrere Aktionen innerhalb eines Seminars und fügen sie zu einer harmonischen Einheit zusammen.

Aktionen ausklingen lassen

- **Einstimmung und Ausklang**
Einzelne Phasen einer Aktion können abrupt enden. Die Hütte ist nach langer Tour erreicht, die herausfordernde Überwindung beim Abseilen geschafft, die schwierige Reflexion erfolgreich abgeschlossen oder die Problemlösungsaufgabe zu Ende, ohne dass ein (zufriedenstellendes) Ergebnis erzielt wurde: freudig-euphorisch, nachdenklich oder auch frustriert, brauchen die Teilnehmer Gelegenheit und Zeit, die Erlebnisse nachwirken zu lassen. Die Möglichkeiten hierfür sind vielfältig: einzeln oder in der Gruppe, formlos oder rituell, meditativ oder aktiv.

Überleitungen herstellen

Wie eine Welle, die nach dem „Überschwappen" langsam ausläuft und gleichzeitig die nächste Welle aufbaut, soll dieses Nachklingen bereits zur nächsten Phase einer Aktivität überleiten, aktive und kontemplative Elemente werden miteinander verbunden. Ein Beispiel: Das Vorlesen einer Geschichte zum Thema Vertrauen schließt den aktiven Teil der Übung „Blinde Schlange" ab und stimmt auf die Reflexion zu dieser Übung ein, die anschließend stattfindet.

schöpferische Pausen

- **Frei-Raum und Verdichtung**
Wenn sich Aktionen aneinanderreihen, auf jede Aktivität die Reflexion und auf die Reflexion wiederum die Einleitung für die nächste Aktivität folgt, bleiben die notwendigen Pausen auf der Strecke. Weil Zeit scheinbar immer kostbarer wird und keine Minute verschwendet werden darf, wächst die Gefahr, dass ein riesiges Feuerwerk von Aktionen abgeschossen wird und die Teilnehmer gar nicht mehr die Möglichkeit haben, die einzelnen „Highlights" richtig mitzuerleben. Freie, d.h. nicht gestaltete Zeiten und Räume geben die Chance, dass Erlebnisse und Erfahrungen verarbeitet werden können und die Teilnehmer offen für neue Aktionen sind. Durch die Plazierung – im Tagesablauf ebenso wie im Verlauf des gesamten Trainings – und durch die Dauer solcher Frei-Räume bleibt es wiederum dem Trainer überlassen, die Intensität des Trainings zu gestalten. Es kann aber durchaus sinnvoll sein,

im Interesse einer forcierten Auseinandersetzung mit einem Thema, die Freiräume zwischen einzelnen Aktionen zu verkürzen, um so eine Verdichtung der Lernerfahrungen herbeizuführen.

Ende

Die Türe

Wenn die Nacht
keine Türe hätte
woher
käme der Tag

Und zuletzt
wohin ginge er
wenn die Nacht
keine Türe hätte?

Erich Fried

Während manche bereits in den Arbeitsalltag zurückkehren, sind andere am Ende eines erlebnispädagogischen Trainings gedanklich noch bei dieser oder jener Aktion und ihren persönlichen Erfahrungen. Den Abschluss, der gleichzeitig ein Übergang ist, gilt es so zu gestalten, dass er den unterschiedlichen Bedürfnissen der Teilnehmer gerecht wird.

inhaltlich abschließen

Wechsel der „Welten"
Ein erlebnispädagogisches Training ist ein Mikrokosmos, eine kleine Welt, in der eigene Gesetze und Regeln gelten und die – ganz bewusst – in einer konträren Beziehung zum Alltag der Teilnehmer steht. Mit dem Ende des Trainings findet der Wechsel zurück in das gewohnte Umfeld statt – räumlich und emotional. Dieser Wechsel kann nur gelingen, wenn das Training nicht nur ein formales sondern auch ein inhaltliches Ende hat. Aktivitäten, die sprichwörtlich bis zur letzten Minute dauern, können nicht mehr verarbeitet werden. Vorteilhafter ist ein Abschluss, bei dem die verschiedenen Aktionen und Aktivitäten, Erlebnisse und Erfahrungen Revue passieren können und der auch Raum lässt, nicht bearbeitete Aspekte anzusprechen.

zusammenfassen und vertiefen

Vertiefung der Erfahrungen

Ein „bürokratisches“ Vorgehen, das am Ende einer Lernphase genau subsummiert, welche Veränderungen sich bezüglich des Lernthemas ergeben haben, ist für erlebnispädagogische Kurse nicht anwendbar. Gerade weil hier in einem ungewohnten Handlungsfeld agiert wird, findet ein wichtiger Teil der Lernprozesse – nämlich die Umsetzung in andere (Alltags-) Situationen – zeitversetzt zum Training statt. Vorbereitet wird diese Umsetzung durch eine Vertiefung der Erfahrung, sowohl nach einzelnen Aktionen als auch am Ende des Trainings. Der Trainer fokussiert die zentralen Themen, initiiert dadurch eine Fortführung über das Training hinaus und legt die Grundsteine für den Transfer.

Schritte nach vorn

Mitnehmen statt Verharren

Nach einem guten erlebnispädagogischen Training fällt oft der Abschied schwer: Tolle Erlebnisse in einer interessanten Gruppe, gepaart mit einer faszinierenden Umgebung (und netten Trainern), führen bei vielen Teilnehmern (und manchmal auch bei Trainern) zu dem Wunsch, diese hamonische Situation festzuhalten. Dies liegt auch an der Befürchtung, dass alles, was im Training wichtig und bedeutsam war, im Alltag wieder untergeht. Genau das Gegenteil ist dabei Ziel und muss durch Reflexions- und Transfermethoden – gerade am Ende des Trainings – gesichert werden: Das Mitnehmen und Umsetzen der Lernerfahrungen und nicht das nostalgische Verharren im Bestehenden lassen das Training als einen „Schritt nach vorne“ weiterleben und machen es so für jeden Einzelnen wertvoll.

Literatur

Antons, K. (1992): Praxis der Gruppendynamik. 5. Aufl. Göttingen
Fried, E. (1989): Gründe. Berlin
Geissler, K. A. (1994a): Schlußsituationen. Die Suche nach dem guten Ende. 2. Aufl. Weinheim/Basel
– (1994b): Anfangssituationen. Was man tun und besser lassen sollte. 6. Aufl. Weinheim/Basel
– (1995): Lernprozesse steuern. Übergänge: Zwischen Willkommen und Abschied. Weinheim/Basel
Luft, J. (1989): Einführung in die Gruppendynamik. Frankfurt/M.
Morgenstern, C. (1983): Galgenlieder. 5. Aufl. München
Sempé, J.-J., Goscinny, R. (1981): Der kleine Nick. Zürich
Wellhöfer, P. R. (1993): Gruppendynamik und soziales Lernen. Theorie und Praxis der Arbeit mit Gruppen. Stuttgart

Der „Schatz im Silbersee ...“ – Finanzierung –

„Alle mit dem Zuwendungszweck zusammenhängenden Einnahmen (insbesondere Zuwendungen, Leistungen Dritter) und der Eigenanteil des Zuwendungsempfängers sind als Deckungsmittel für alle mit dem Zuwendungszweck zusammenhängenden Ausgaben einzusetzen.“

Bundesministerium für Familie, Senioren, Frauen und Jugend

Finanzierung aus verschiedenen „Töpfen“

Die Finanzierung von Bildung wird immer schwieriger. Dies trifft auch, oder vielleicht sogar besonders, erlebnispädagogische Trainings. Meist werden diese nicht aus einer einzigen Quelle finanziert, sondern verteilen sich auf verschiedene Bereiche, die erst als Mischfinanzierung die Kosten decken können. Neben den Eigenbeiträgen der Teilnehmerinnen, die je nach Zielgruppe einen prozentual sehr unterschiedlichen Anteil zu den Gesamtkosten beitragen, und den Finanzierungshilfen der Auftraggeber gibt es andere Ansatzmöglichkeiten zur Finanzierung, die im folgenden näher vorgestellt werden.

Sponsoring

Sponsoring als Geschäft

Während Sponsoring in den Gesellschaftsfeldern Sport oder Kultur mittlerweile eine wesentliche Finanzierungsquelle darstellt, nimmt es im sozialen Bereich eher eine Randstellung ein. Dies liegt insbesondere daran, dass Sponsoring in erster Linie ein Geschäft ist: finanzielle bzw. materielle Unterstützung für Öffentlichkeit. Und diese Öffentlichkeit lässt sich in der sozialen Arbeit, mit Jugendlichen, Obdachlosen oder behinderten Menschen lange nicht so gut erreichen wie bei gesellschaftlichen Großveranstaltungen mit Sportstars oder mehreren (Helden-)Tenören.

Kommt dabei der Erlebnispädagogik zugute, dass die von ihr als Medium eingesetzten Natursportarten derzeit „im Trend“

erlebnispädagogische Aktionen sind öffentlichkeitswirksam

liegen? Die spektakulären, scheinbar risikanten und gefährlichen Aktionen lassen sich in den Medien gut präsentieren und sind für die Öffentlichkeit interessant. Insofern können die Veranstalterinnen erlebnispädagogischer Aktionen potenziellen Sponsoren einen Gegenwert für die erwünschte Leistung bieten. Ob der Erlebnispädagogik mit diesem öffentlichen Interesse immer im Positiven gedient wird, lässt sich anzweifeln. Der Beitrag „Kamelritt ins Glück" in der Zeitschrift „Der Spiegel" vom 2. September 1996 zeigte sehr deutlich, wie mit missverständlichen Angaben und bewussten Falschdarstellungen ein ganzer Bereich pädagogischer Arbeit in Misskredit gebracht werden kann.

Folgende Sponsorengruppen lassen sich unterscheiden:

verschiedene Sponsoren

- Ausrüstungshersteller der verschiedenen Natursportarten stellen gelegentlich Bekleidung und Ausrüstung zur Verfügung. Ob diese zweite Wahl ist, bei Katalogproduktionen oder Expeditionen bereits benutzt wurde oder vielleicht nach einem größeren Projekt zurückgegeben werden muss, ist letztlich unerheblich, wenn sich durch diese Unterstützung die Kosten für ein Projekt oder Programm senken lassen.

- Firmen fördern am ehesten Projekte, die sich gut mit der Unternehmensphilosophie verbinden lassen und einen geographischen Bezug zum Firmensitz haben. Besonders Banken und Versicherungen, aber auch die Spendendienste großer Zeitungen und Rundfunkanstalten unterstützen heimische Träger sozialer Arbeit mit kleineren und mittleren Geldbeträgen.

- Staatsanwältinnen oder Richterinnen können bei Gerichtsverfahren festgesetzte Bußgelder für gemeinnützige Organisationen innerhalb des jeweiligen Gerichtsbezirks anordnen. Neben dem Nachweis der Gemeinnützigkeit ist hierfür aber ein intensiver Kontakt zu den Behörden notwendig, um vor allem auch die Sinnhaftigkeit des Antrags dokumentieren zu können.

Damit Sponsoring funktionieren kann und für beide Seiten gewinnbringend ist, sollten folgende Tipps beachtet werden:

Tipps zum Sponsoring

- Stellen Sie ein neues erlebnispädagogisches Projekt bereits während der Vorbereitungsphase in der Öffentlichkeit vor.
- Suchen Sie den Kontakt zu lokalen Medien (Zeitung, Radio, Fernsehsender).
- Gehen Sie offensiv auf mögliche Sponsoren zu. Zeigen Sie Vorteile auf, die sich für das Unternehmen aus dem Sponsoring ergeben.
- Wenn Sie für eine gemeinnützige Organisation arbeiten, bieten Sie den Sponsoren steuerlich abzugsfähige Spendenquittungen für die geleistete Unterstützung an. Auch für Sachspenden (Ausrüstung!) können Spendenbescheinigungen ausgestellt werden.
- Berichten Sie auch dann in der Öffentlichkeit, wenn Sie für ein Projekt keinen Sponsor finden konnten.

Material-Sharing

Material gemeinsam nutzen

Viele erlebnispädagogische Aktivitäten sind sehr materialaufwendig. So werden beim Kajakfahren neben Booten und Paddeln Neoprenanzüge, Schwimmwesten und Helme, beim Klettern außer den Seilen Klettergurte, Helme und eventuell Kletterschuhe gebraucht. Schnell summieren sich pro Teilnehmerin mehrere hundert Euro. Diese großen Beträge sind in Zeiten knapper Kassen für die meisten Institutionen kaum mehr aufzubringen. Dabei ist es häufig gar nicht sinnvoll, für einzelne Aktionen das entsprechenden Material neu anzuschaffen, da neben der Lagerkapazität bei etlichem Material wie Booten oder Skiern auch eine sachgemäße Wartung notwendig ist. Hinzu kommt, dass die (sicherheits-)technische Entwicklung voran geht und Material – ob häufig oder kaum benutzt – nach einem bestimmten Zeitraum ausgetauscht werden muss.

Material-Sharing – mit wem?

Hier kommen die natursportlichen Fachverbände in Frage. In der Regel sind die Vereine oder Sektionen vor Ort gut mit Material für ihre Aktivitäten ausgerüstet. Über den Bundesverband oder die jeweiligen Landesverbände lässt sich erfahren, wo die nächste Ortsgruppe anzutreffen ist:

Adressen von Fachverbänden

- Deutscher Alpenverein (DAV), Von-Kahr-Straße 2–4, D-80997 München, Tel. ++49 (0)89/1 40 03–0
- Deutscher Kanu Verband (DKV), Bertaallee 8, D-47055 Duisburg, Tel. ++49 (0)2 03/9 97 59–0
- Verband der deutschen Höhlen- und Karstforscher, Hehner Str. 100, D-41069 Mönchengladbach
- Deutscher Segler-Verband (DSV), Gründgensstr. 18, D-22309 Hamburg, Tel. ++49 (0)40/63 20 09–0

Häufig bieten auch Sportgeschäfte die Möglichkeit, Sportgeräte auszuleihen. Dies gilt insbesondere für Fachsportgeschäfte, die in Regionen liegen, in denen die entsprechenden Sportarten ausgeübt werden können. Vor allem für Aktivitäten mit Langlauf- oder Tourenski sowie mit Schneeschuhen bietet sich eine Ausleihe bei einem Sportgeschäft vor Ort an.

Möglichkeiten, Material auszuleihen

Eine dritte Quelle für Material-Sharing sind Institutionen aus dem Bereich der Jugend- und Sozialarbeit, die selbst erlebnispädagogisch arbeiten. Hier sind zunächst die kommunalen Einrichtungen wie Jugendfreizeitstätten und Jugendringe zu nennen. Auch einzelne Jugendverbände haben Material für erlebnispädagogische Aktivitäten zur Verfügung. Ebenso wie diese Institutionen nutzen auch Fachhochschulen mit dem Fachbereich Sozialwesen Ausrüstung, die für erlebnispädagogische Aktivitäten innerhalb des Studiums angeschafft wurde, nur zu bestimmten Zeiten und verleihen diese (bzw. könnten diese verleihen) in der übrigen Zeit an andere Träger. Neben dem Ausleihen, für das in der Regel eine Nutzungsgebühr verlangt wird, besteht natürlich auch die Möglichkeit des (kostenlosen) Austauschs: Klettergurte gegen Kanadier, Floßbau-Material gegen Schneeschuhe.

Trainerinnen-Sharing

Die hohen Anforderungen erlebnispädagogischer Aktivitäten an die Trainerinnen können nur in seltenen Fällen durch eine einzige Person erfüllt werden. Es müssen z. B. bei einer Orientierungstour zwei Trainerinnen vorhanden sein, damit jede Gruppe begleitet werden kann. Hinzu kommt, dass für viele Aktionen natursportliches Fachwissen notwendig ist, das gegebenenfalls „eingekauft“ werden muss.

Profis versus ehrenamtliche Übungsleiterinnen

Im folgenden sollen einige Möglichkeiten vorgestellt werden, um entstehende Kosten zu verringern. Natursportliches Know-How auf höchstem Standard bieten „Profis“: Diese sind vor allem im bergsteigerischen Bereich (staatl. geprüfte Berg- und Skiführerinnen, staatl. geprüfte Ski(langlauf)lehrerinnen), aber auch im Wassersport (Kanulehrerinnen, Raftguides) zu finden. Daneben haben die Fachsportverbände ausgebildete Mitglieder, die ehrenamtlich ihre Kenntnisse an andere Mitglieder weitergeben bzw. Unternehmungen wie Klettertouren oder Segeltörns durchführen. Diese Personen können bei erlebnispädagogischen Aktivitäten den natursportlichen Part übernehmen. Regionale und lokale Kontakte sind hier, ebenso wie beim Material-Sharing, sehr wichtig.

Mitarbeiterinnen austauschen

Fast in jeder Institution aus der Jugend- und Sozialarbeit, die erlebnispädagogische Aktivitäten durchführt, gibt es Mitarbeiterinnen, die über fachliche und zum Teil auch formale Qualifikationen in den verschiedenen Natursportarten verfügen. Durch informelle Kontakte können diese „Experten“ angesprochen und für Aktionen gewonnen werden – gegen Aufwandsentschädigung oder im Austausch, d.h. A unterstützt B bei der Höhlentour, dafür geht B mit der Gruppe von A zum Floßbau.

Synergien nutzen

Schließlich gilt es zu überlegen, ob es sich in manchen Fällen lohnt, eine natursportliche oder erlebnispädagogische Expertin für zwei Gruppen zusammen zu engagieren. Dies ist denkbar, wenn Gruppen per se klein sind, oder wenn im Rahmen einer mehrtägigen Aktion nur ein einzelner Bereich wie (z.B. eintägige Kanadierfahrt) durch die Trainerin nicht vollständig abgedeckt werden kann.

Öffentliche Zuschüsse

Bei der derzeitigen „Ebbe“ in den öffentlichen Kassen ist es sehr schwer, Zuschüsse zu erhalten. Dabei hat es sich in den letzten Jahren gezeigt, dass eher einzelne Projekte als Institutionen mit fortlaufenden Kosten Fördergelder bekommen haben.

Tipps für öffentliche Zuschüsse

– Beantragen Sie Zuschüsse bei unterschiedlichen Stellen, z.B. Stiftungen, Gemeinden, Jugendringe. Für viele Maßnahmen sind Mittel von unterschiedlichen Geldgebern möglich; z. T. gewähren öffentliche Stellen nur dann Zuschüsse, wenn auch andere Stellen zur Finanzierung beitragen.

- Damit neue Projekte gefördert werden können, müssen sie in der Regel neben den allgemeinen Richtlinien innovativ sein und Pilotfunktion haben. Versuchen Sie die Attraktivität Ihres Projekts in diesen Bereichen darzustellen.
- Suchen Sie den Kontakt zu den Zuschussgebern. Die zuständigen Sachbearbeiterinnen können Ihnen am besten sagen, in welchen Bereichen und zu welchen Themen Sie Mittel mit der größten Aussicht auf Erfolg beantragen können.
- Überlegen Sie, ob Sie eventuell für einzelne Teilnehmerinnen (z. B. Ausländerinnen, behinderte Menschen) spezielle Fördermittel erhalten können.
- Bei manchen Zuschussgeberinnen führt die Überschrift „erlebnispädagogische Maßnahme" zu einer grundsätzlichen Ablehnung, aus welchen (irrationalen) Gründen auch immer. Wenn Sie um solche Vorbehalte wissen, ist es sinnvoll, das „Unwort" Erlebnispädagogik zu vermeiden und einen anderen Terminus zu benutzen, z. B. handlungs- und erfahrungsorientiertes Lernen.

Kalkulation

Kosten kalkulieren

Erlebnispädagogische Aktionen beinhalten viele verschiedene Kostenpunkte. Damit es nicht zu einer Finanzierungslücke kommt, sollte im Vorfeld eine ausführliche Kalkulation durchgeführt werden. Soll eine Kalkulation alle Kosten einer Maßnahme in den Blick nehmen, müssen neben den unmittelbar aufzubringenden Finanzen (z. B. Übernachtungskosten, Beschaffung von Ausrüstung) auch Aufwendungen wie Personal- und Verwaltungskosten zumindest anteilig eingerechnet werden. Als Hilfe zur Erstellung einer Kalkulation kann die Tabelle (Seite 29) dienen.

Posten	Kosten pro Tag (und Teilnehmerin)	Gesamtkosten
Personalkosten – Eigenkosten – Fremdkosten – Spesen		
Ausrüstung und Materialien – Anschaffungen – Ausleihe		
Unterkunft und Verpflegung – Übernachtung – Selbstverpflegung – Fremdverpflegung		
Transferkosten – eigener PKW – Leihwagen – öffentliche Verkehrsmittel		
Versicherung – Unfallversicherung – Haftpflichtversicherung – Rechtschutzversicherung		
Sachkosten (Telefon, Porto, Verwaltung)		

Literatur

Brunold, H.(1995): Budgetierung von Weiterbildungskursen. In: Grundlagen der Weiterbildung, Heft 5, 285–286

Bundesministerium für Familie, Senioren, Frauen und Jugend (Hrsg.) (1996): Allgemeine Nebenbestimmungen für Zuwendungen zur Projektförderung (ANBest-P). Bonn

Jugendstiftung Baden-Württemberg (Hrsg.) (1997): Projektarbeit für Profis. Münster

Kreisjugendring Fürstenfeldbruck (Hrsg.) (1994): Planung, Organisation und Abwicklung von Ferienfahrten. Ein Ratgeber für die Praxis. Fürstenfeldbruck

Die Professionalisierung des Lernens – Lernmodelle –[1]

„Mit meinem Training will ich sie [die Führungskräfte] körperlich und geistig reinigen. Ich will sie aktivieren, indem ich ihnen erst einmal alles wegnehme: die Uhr, das Geld, alles was sie im Alltag mit herumtragen … Ich verwirre, belüge, betrüge, was die Kilometerangaben betrifft … Spätestens nach einem Marsch über dreißig Kilometer, nachdem sie im Wald über Nacht ausgesetzt wurden und allein ins Camp zurückfinden müssen, sind sie ganz normal. Die Summe der Belastungen reguliert jeden. Das ist es, was ihnen sonst fehlt."

Kurt Bendlin

Wie funktioniert handlungsorientiertes Lernen? Welche Lernmodelle liegen der Erlebnispädagogik zugrunde? Der praxisorientierten Methode läuft die Theoriebildung stets hinterher. Wesentliche Impulse kamen und kommen bisher aus dem angloamerikanischen Raum. Diese Ansätze scheinen für die erlebnispädagogische Theoriebildung von Bedeutung und werden im folgenden kurz skizziert.

Drei klassische Modelle

Einen ersten Meilenstein bildeten drei unterschiedliche methodische Ansätze („curriculum models"), mit denen Stephen Bacon die gängige erlebnispädagogische Praxis bereits in den achtziger Jahren klassifizierte (Bacon 1983; Schad 1993):

- Bei dem Modell *The Mountains Speak For Themselves* bewirken die Aktivitäten in der Natur unmittelbar ein verändertes Verhalten im Alltag.

[1] Die Grundgedanken dieses Kapitels wurden bereits in dem Beitrag „Lernmodelle und Programmtypen – Neues zur erlebnispädagogischen Methodik" von Bernd Heckmair und Franz-Josef Wagner in der Zeitschrift „e&l erleben und lernen", 1/95, S. 4–10 veröffentlicht.

- Im Modell *Outward Bound Plus* folgt auf die Aktionen eine Reflexionsphase, in der durch Aufarbeitung ein Transfer hergestellt wird und so eine Verhaltensänderung im Alltag initiiert wird.
- Beim *Metaphorischen Modell* bieten die Aktivitäten in der Natur die Möglichkeit, ein anderes Verhalten auszuprobieren als jenes, das sonst in Alltagssituationen mit einer ähnlichen Struktur angewandt wird. Durch den vielleicht unbewussten Vergleich der alternativen Verhaltensweisen bietet sich die Chance, auch im zukünftigen Alltag zwischen verschiedenen Verhaltensdispositionen wählen zu können.

Weiterentwicklung zu sechs Lernmodellen

Aufbauend auf Bacons „curriculum models" hat Simon Priest in Kanada eine Differenzierung von sechs Lernmodellen entwickelt: Grundsätzlich lassen sich darin zwei große Blöcke unterscheiden, die sich auf das Wechselspiel von Aktion und Reflexion, Erfahrung und Entwicklung beziehen. Die ersten drei methodischen Ansätze streben Verhaltensmodifikationen nach den Aktivitäten an, während die Modelle vier, fünf und sechs die entwicklungsfördernden Kräfte bereits vor, während und durch die Lernsituationen nützen.

Da bereits eine Übersetzung der amerikanischen Terminologie ins Deutsche sich schwierig gestaltet, sollen die folgenden Erläuterungen das Besondere der einzelnen Ansätze verdeutlichen.

learning and doing

Handlungslernen pur wurde und wird in vielen erlebnisorientierten Programmen praktiziert. Die Teilnehmer genießen (mehr oder weniger) die verschiedenen Aktivitäten, sie lernen neue Techniken wie beispielsweise das Abseilen. Ob sie dabei etwas über sich selbst lernen, über ihre Beziehungen

- Handlungslernen pur (learning and doing)
- Kommentiertes Handlungslernen (learning by telling)
- Handlungslernen durch Reflexion (learning through reflection)
- Direktives Handlungslernen (direction with reflection)
- Methaphorisches Handlungslernen (reinforcement in reflection)
- Indirekt-metaphorisches Handlungslernen (redirection before reflection)

zu anderen oder wie sie mit den Herausforderungen des Alltags umgehen können, wird in keiner Weise thematisiert und gehört auch nicht zum Arbeitsbereich des Trainers, der sich auf organisatorische Aspekte, Sicherheitsfragen und die Vermittlung neuer (technischer) Fertigkeiten konzentriert.

learning by telling

Ganz anders gestaltet sich die Aufgabe des Trainers beim *kommentierten Handlungslernen*. Im Anschluss an die Aktivität fasst er (als Experte) die wesentlichen Lernziele zusammen und erläutert den Teilnehmern, wie sie die Erfahrungen umsetzen sollen. Nach einer Bergtour könnte sich das etwa so anhören: *„Ihr habt gelernt, dass gegenseitige Rücksichtnahme notwendig ist, um das Ziel zu erreichen. Eure Planung war schlecht, die Etappen zu lang und das Material nicht gut auf alle verteilt. Achtet beim nächsten Mal auf eine gute Vorbereitung und gemeinsame Durchführung, dann geht es bestimmt besser.“* Da diese Form der Nachbereitung von den Teilnehmern eher als besserwisserisches Gehabe denn als stimmiges Feedback aufgenommen wird, wirkt dies in der Regel demotivierend.

learning through reflection

Beim *Handlungslernen durch Reflexion* werden im Unterschied zu den beiden anderen Ansätzen die Teilnehmer aktiv an der Umsetzung gemachter Erfahrungen beteiligt. Zum Nachdenken anregende Fragen wie bspw. *„Wie ist es euch dabei ergangen? Was habt ihr daraus gelernt? Was würdet ihr beim nächsten Mal anders machen? Kennt ihr vergleichbare Situationen aus eurem Alltag?“* führen dazu, die Potenziale der Erfahrungen selbst zu entdecken. Die eigentliche Aufgabe des Trainers besteht darin, diesen Prozess durch das Aufgreifen entsprechender Aspekte zu unterstützen.

direction with reflection

Mit dem *direktiven Handlungslernen* ändert sich die Methode ganz wesentlich: Wurden bei den vorherigen Modellen die Erfahrungen *hinterher* ausgewertet, werden jetzt die Entwicklungsrichtungen bereits *vor* der Aktivität thematisiert, sie fließen mittels praktischer Erprobung in die Aktivität ein. Bei den direkt vorgesetzten Erfahrungen können folgende Aspekte angesprochen werden:

- Rückblick: Was wurde bei den vergangenen Aktivitäten erreicht/gelernt?

- Bezug: Was kann bei der folgenden Aktivität gelernt werden?
- Motivation: Warum ist diese Erfahrung wichtig, welchen Bezug hat sie zum Alltag?
- Funktionsweise: Welches Verhalten bringt voraussichtlich den größten Erfolg?
- Hindernisse: Welches Verhalten wird eher hinderlich/kontraproduktiv sein?

Der Trainer führt zum einen gezielt in die Aktivität ein (z. B. Abseilen: „*Beim Abseilen lässt sich der Einzelne, durch Seil und Klettergurt gesichert, die Wand hinunter. Dazu ist ein Zutrauen zur eigenen Person genauso von Bedeutung wie Vertrauen zu dem Partner, der die zusätzliche Sicherung übernimmt.*“), zum anderen regt er durch gezielte Fragen die Herausarbeitung der wesentlichen Entwicklungsrichtungen bereits vor der Aktivität an (z. B. durch Fragen wie „*Was könnte man aus dieser Aktivität lernen? Warum ist es wichtig, dies zu lernen? Welche Vorteile bringen solche Erfahrungen für die Zukunft?*“).

reinforcement in reflection

Auch beim Modell des *Metaphorischen Handlungslernens* wird die Verhaltensänderung bereits vor bzw. während der Aktivität angestrebt. Im Gegensatz zum vierten Modell erfolgt hier eine Einführung, die eine Aktivität analog zur Lebenswirklichkeit der Teilnehmer – „isomorph“ (von gleicher Gestalt) – darstellt. Beim Schlauchbootfahren einer Heimgruppe (Jugendliche) könnte das etwa so sein: „*Wir leben gemeinsam auf engem Raum (Boot) und sind aufeinander angewiesen (alle in einem Boot). Zwar gibt es unterschiedliche Aufgaben (Steuermann, Schlagmann usw.), aber wenn jeder macht, was er will, klappt es bei uns nicht (Boot nicht manövrierfähig). Wenn jemand aus unserer Wohngruppe aussteigt (Boot verlässt), wird das für die anderen schwierig und es darf nicht unvorbereitet geschehen (Sprung über Bord).*“ Eine solche Anpassung erfordert von dem Trainer eine gute Kenntnis der Lebensumstände der Teilnehmer; gelingt diese Anpassung, ist der Lerneffekt groß, weil die Übertragung unmittelbar erfolgt.

redirection before reflection

Nur sehr selten wird das Modell des *indirekt-metaphorischen Handlungslernens* angewandt. Gerade weil es am ehesten dann eingesetzt wird, wenn andere Lernmodelle scheitern, kommen hier im Interesse der Teilnehmer verschiedene Paradoxien zum Zuge: double bind-Situationen, Symptomverschreibung, Symptomverlagerungen, Vorspiegelung von Alternativen. Im Sinne einer double bind-Situation könnte bei einer Gruppe, die große Kommunikationsschwierigkeiten hat, die Einleitung zur Übung „Seilquadrat" – beim Seilquadrat soll die Gruppe mit verbunden Augen ein an den Enden zusammengeknotetes (Kletter-)Seil so auf den Boden legen, dass sich daraus ein großes Quadrat ergibt – so aussehen: „*In den meisten Gruppen gibt es bei der Übung Seilquadrat verschiedene Lösungsstrategien, die von Teilnehmern unterschiedlich laut geäußert werden. In der Regel hört keiner auf den anderen, es kommen nicht alle Vorschläge zur Sprache. Irgendwann setzt sich einer durch und viele Teilnehmer wissen im Endeffekt nicht, was eigentlich abläuft. Bei einer Nachbesprechung stimmen alle überein, dass die Kommunikation der Gruppe schlecht war und sind damit unzufrieden. Es gibt auch andere Möglichkeiten, an diese Aufgabe Seilquadrat heranzugehen . . .*"

Durch diese Einführung entsteht eine Situation, in der die Gruppe nur gewinnen kann. Denn wenn sie sich genauso verhält wie beschrieben, werden ihre Kommunikationsschwierigkeiten allen noch bewusster und können im Anschluss an die Übung intensiv besprochen werden. Lösen sie die Aufgabe allerdings, indem sie gut miteinander kommunizieren, so zeigen sie damit, dass sie sich auch anders verhalten können und werden möglicherweise in Zukunft besser miteinander kommunizieren.

Ähnlich wie das fünfte Modell erfordert das indirekt-metaphorische Handlungslernen von dem Trainer weitgehende Kompetenzen, die sich sowohl auf die Kenntnisse über die Teilnehmer und ihre Lebenswelt(en) als auch auf therapeutische Verfahren beziehen.

Diese Lernmodelle sind – wie alle Modelle – mehr oder weniger künstliche Abbildungen einer Wirklichkeit, die weniger trennscharf ist und deutlich Konturen eines fließenden Übergangs aufweist. Aber sie können griffige Haltepunkte sein, um sich systematisch und zielgerichtet zu orientieren und selbstkritisch zu vergewissern: „Was mache ich wie und mit welchem Ziel?“ und „Was habe ich ‚drauf‘ und was nicht?“.

Literatur

Bacon, S. (1983): The conscious use of metaphor in Outward Bound. Denver

Bendlin, K. (1993): Interview in der Frankfurter Allgemeinen Zeitung vom 29.10.93, 94–95

Heckmair, B., Wagner, F.-J.(1995): Lernmodelle und Programmtypen – Neues zur erlebnispädagogischen Methodik. In: e&l erleben und lernen, 1, 4–7

Priest, S. (1994): Funneling, Frontloading and Framing. Unveröffentlichtes Arbeitspapier

Schad, N. (1993): Erleben und miteinander reden – Reflexionsmodelle in der Erlebnispädagogik. In: e&l erleben und lernen, 2–3, 49–52

Natur benützen – Natur beschützen? – Ökologie –

„Ihr müßt Eure Kinder lehren, daß der Boden unter ihren Füßen die Asche unserer Großväter ist. Damit sie das Land achten, erzählt ihnen, daß die Erde erfüllt ist von den Seelen unserer Vorfahren. Lehrt Eure Kinder, was wir unsere Kinder lehren: Die Erde ist unsere Mutter. Was die Erde befällt, befällt auch die Söhne der Erde. (...) Denn das wissen wir, die Erde gehört nicht dem Menschen, der Mensch gehört zur Erde."

Häuptling Seattle

Erlebnispädagogik versus Tourismus

Ökologie und Erlebnispädagogik lassen sich nicht voneinander trennen: Erlebnispädagogik findet in der Natur, in Europa fast ausschließlich in Kulturlandschaft statt, ökologisches Denken und Handeln sind Voraussetzung für jede erlebnispädagogische Aktivität. Inzwischen ist die Thematik durch wachsende Umweltzerstörungen und Bedrohungen wie Verkehr, Entsorgungsproblematiken und Massenauftreten in Ballungsgebieten immer komplexer geworden und hat sich so zu einem eigenständigen Thema innerhalb der Erlebnispädagogik entwickelt. Ökologie darf nicht als Schlagwort verstanden werden, sondern muss als immanente Thematik aufgeschlüsselt werden: Dies bedeutet einerseits ökologisches Verhalten vor, während und nach erlebnispädagogischen Aktivitäten sowie andererseits ökologische Bildungsarbeit. Hier lässt sich vieles fordern und wünschen, aber niemals etwas durchsetzen. Die Beurteilung und Umsetzung ökologischer Verhaltensweisen im Rahmen erlebnispädagogischer Aktivitäten ist eine Wertefrage, die nicht verordnet werden kann. Eine erlebnispädagogische Aktivität unterliegt ähnlichen Problematiken und Fragestellungen, wie jede andere Form von Tourismus. Dies beginnt bei der Planung, dem Einkauf von Lebensmitteln, der Anreise mit Zug oder Auto bis hin zur Umsetzung vor Ort. Der pädagogische Anspruch entbindet nicht von der Verantwortung umweltgerechten und tourismuskritischen Verhaltens. Dies ist stets ein individuelles Abwägen von Interessen, Ansprüchen, Rahmenbedingungen, Kosten, Gruppengröße oder Transport.

Grenzen

Welche Aktivitäten sind also unter Berücksichtigung von Naturschutz, ökologischer „Verträglichkeit“ und pädagogischem Anspruch durchführbar? Hier geraten einige Natursportsportarten in ein kritisches Licht: Wildwasserfahren mit Kajak oder Raftbooten ist keinesfalls ohne Auto organisierbar und bleibt mit einem relativ hohen Materialaufwand und -transport verbunden. Dennoch hat Rafting vom gruppendynamischen und pädagogischen Aspekt einen großen Wert; insofern ist es keine Lösung, Rafting grundsätzlich aus dem Programm zu streichen. An diesem Beispiel wird das Dilemma, in dem sich viele Entscheider befinden, deutlich. Die Frage, ob eine erlebnispädagogische Aktivität ökologisch verträglich oder sinnvoll ist, wird immer eine individuelle Entscheidung, die sich aus den Rahmenbedingungen ergibt, bleiben. Trotz allem führt kein Weg an der Auseinandersetzung mit den pädagogischen Möglichkeiten und ökologischen Grenzen erlebnispädagogischer Aktivitäten vorbei.

Naturerfahrungsspiele, ökologische Projekte oder auch spezielle Maßnahmen wie Hangschutz oder Wegsanierung haben sich mittlerweile auch im erlebnispädagogischen Spektrum etabliert. Der Prospekt ist auf chlorfreiem Umweltschutzpapier gedruckt, die Gruppe reist mit dem Zug an und schleicht auf umweltverträglichen Gummisohlen durch die Landschaft. Mit Jugendlichen ein „Erdfenster“ bauen oder „Baumwiederfinden“ spielen, ist sicherlich nicht verkehrt; soll Erlebnispädagogik jedoch weiter entwickelt werden, stellt sich die Frage der Verankerung ökologischer Bildungsarbeit innerhalb erlebnispädagogischer Konzeptionen. Hier betreten wir Neuland, auch wenn die Literatur, die sich mit Ökologie und Erlebnispädagogik beschäftigt, immer umfangreicher wird. Gehen wir von dem Grundsatz aus, dass ein wesentlicher Inhalt der Erlebnispädagogik darin besteht, Möglichkeiten zur Persönlichkeitsentwicklung zu bieten, entstehen folgende Anforderungen:

- Welche Bedeutung hat ein ökologisches (Selbst-)Verständnis im Rahmen der Persönlichkeitsentwicklung?

- Wie kann dieses Verständnis entwickelt und gefördert werden?
- Wie wird Ökologie in erlebnispädagogische Trainings integriert, ohne dass sie ein eigenes Thema darstellen muss – sozusagen ohne „pädagogischen Artenschutz"?

Naturerfahrung und ökologische Bildungsarbeit

Noch scheint die Tendenz zu sein, dass im Rahmen erlebnispädagogischer Seminare auch ökologische Inhalte und Naturerfahrungsspiele vorkommen (müssen). Ökologie ist aber in jeder Aktivität enthalten, ist Bestandteil des Erlebnisses. Es gilt, die Qualitäten der ökologischen Bildungsarbeit in den erlebnispädagogischen Gesamtkontext und damit in das Erlebnis zu integrieren.

Ökologie als Erlebniswert

Ein weiterer Aspekt ist das Verhalten innerhalb des einzelnen Ökosystems. Am Beispiel Höhle lässt sich dies verdeutlichen: Die Höhle ist ein Bereich, in dem wir uns selten aufhalten und der für Menschen einen „lebensfeindlichen" Raum darstellt. Im Ökosystem Höhle gibt es (außer der Fledermaus) ein große Anzahl von Lebewesen. Hinterlassener Abfall, Karbidreste oder Zigarettenstummel sind enorme Verschmutzungen dieses sensiblen Ökosystemes und begründen bereits seine Zerstörung. Menschen, die erlebnispädagogisch tätig sind und Gruppen leiten, müssen sehr genaue Kenntnisse über das einzelne Ökosystem besitzen, um sich nicht nur „richtig" zu verhalten, sondern um dies über die theoretische Wissensvermittlung hinaus als gelebte Einstellung den Teilnehmerinnen nahebringen zu können. Hier schließt sich der Kreis zu der schwierigen Frage nach der Verankerung von Ökologie in der Erlebnispädagogik. Auch wenn Ökologie inzwischen in nahezu allen erlebnispädagogischen Konzeptionen Thema geworden ist und es zahlreiche erlebnispädagogische Kurse mit ökologischen Themen gibt, ist die Integration der Problematik und die sensibilisierende Veränderung des Bewusstseins auf der persönlichen Ebene immer wieder neu zu leisten. Derzeit findet diese Integration auf dem Stand der sachlichen Vermittlung und Thematisierung statt. Das ist der erste wichtige Schritt, dem der zweite, die Ökologie zum Erlebniswert zu machen, folgen kann.

Literatur

Jugend des Deutschen Alpenvereins (Hrsg.) (1996): Umweltaktionen mit der Jugendgruppe. München

Kölsch, H. (1998): Natur als Kultur. Spurensuchen nach einem er-

weiterten Naturbegriff. In: Kölsch, H. (Hrsg.): Wege Moderner Erlebnispädagogik. 2. Aufl. München
Schlehufer, A. (1995): Erlebnis- und handlungsorientierte ökologische Bildung. München
– (1998): Erlebnispädagogik und ökologisches Lernen. In: Kölsch, H. (Hrsg.): Wege Moderner Erlebnispädagogik. 2. Aufl. München
–, Kreuzinger, S. (1997): Natur, Erlebnis, Ferien. Handbuch für die Gestaltung ökopädagogischer Kinder- und Jugendfreizeiten. Alling
Seattle (1987): Wir sind ein Teil der Erde. 16. Aufl. Olten
Winkler, G. (1995): Umwelt und Bildung. Denk- und Praxisanregungen für eine ganzheitliche Natur- und Umwelterziehung. Seelze

Das honigspendende, eierlegende Wollmilchtier
– Qualifikation der Trainer –

„Denn Meisterschaft ist als Lebensform dadurch beglaubigt, daß sie aus der grenzenlosen Wahrheit lebt und, von ihr getragen, die Kunst des Ursprungs ist."

Eugen Herrigel

Individuelle Qualifikation

Die Darstellung der fachlichen, methodischen, didaktischen und persönlichen Qualifikationsanforderungen für Trainer würde einerseits bedeuten, „das Rad neu zu erfinden", auf der anderen Seite müssten soviele „Räder erfunden werden", dass daraus ein weiteres Buch entstünde. Es kann an dieser Stelle keine umfassende Beschreibung gegeben werden, denn es liegt in der eigenen Verantwortlichkeit aller Trainer (und das gilt nicht nur für Erlebnispädagogik), sich individuell zu qualifizieren und im Team zu ergänzen. Die folgenden Überlegungen wollen einen Überblick und „roten Faden" geben. Das Anforderungsprofil für (erlebnispädagogische) Trainer wird durch komplexere und maßgeschneiderte Seminarangebote immer umfangreicher. Es lassen sich dabei zwei verschiedene Bereiche unterscheiden: die „Persönlichkeit des Einzelnen" und ein „Pool" von Qualifikationen, die nicht (mehr) in einer Person versammelt sein müssen, sondern sich in ihrer Gesamtheit im Team finden und je nach Zielgruppe und inhaltlicher Struktur eines Trainings unterschiedlich sind (vgl. Kölsch 1998).

Anforderungsprofile

Es lassen sich vier verschiedene Qualifikationsbereiche unterscheiden:

- **natursportspezifische Anforderungen**
  - alpine/maritime Ausbildung
  - Wildwasser-Qualifikation
  - Sicherheitstechnik in „Ropes Courses"
  - Spezielle Qualifikation für Höhlenbefahrungen
  - allgemeine sportliche Ausbildungen („Übungsleiter")

- pädagogisch-psychologische Anforderungen
  - pädagogische und/oder psychologische Ausbildung
  - erlebnispädagogisch-theoretischer und historischer Kontext
  - themenspezifische Qualifikation und Erfahrung (Jugendarbeit, Managementtrainings, geschlechtsspezifische Themen)
  - Transfermodelle
- methodisch-didaktische Anforderungen
  - Gesprächsführung und Moderation
  - Gruppendynamische Prozesse erkennen und begleiten
  - Umgang mit Konflikten und Krisen
  - Visualisierungstechniken
  - Reflexionsmethodik
- persönlicher Kontext des Trainers
  - eigener Erfahrungshintergrund bezüglich der Aktivitäten
  - individueller Selbsterfahrungsprozess
  - Selbstmanagement

Persönlichkeit des Trainers

Als zentraler Gesichtspunkt erscheint die Persönlichkeit des Trainers. Hier gibt es keine Entwicklungsmodelle oder Qualifikationswege, sondern nur die individuelle Entscheidung und Auseinandersetzung mit sich selbst. Trainer werden also einerseits in ihre fachliche Weiterentwicklung investieren und andererseits den Weg und Prozess der Selbsterfahrung erleben. Wichtig erscheint, auf die Gratwanderung für Trainer hinzuweisen, die eigenen inneren Erlebnisse zu spüren und gleichzeitig die Distanz zu sich selbst zu ermöglichen, um den Teilnehmern ihre Erlebnisse zu eröffnen und diese mit ihnen zu bearbeiten. Letztlich muss jeder die eigenen Leitbilder suchen, sich daran orientieren und im Rahmen der Auseinandersetzung mit der täglichen Arbeit entwickeln. Die Persönlichkeit des Trainers wirkt während der Arbeit mit der Gruppe und in der Zusammenarbeit innerhalb eines Teams. Herrigel beschreibt in seinem Buch „ZEN in der Kunst des Bogenschießens“ die Vollendung des Meisters, darin, die eigenen Schüler als Lehrmeister zu akzeptieren, hierachisches Verhalten im Gegenseitigen aufzulösen und zu vollenden, um zugleich Meister und Schüler des Schülers und Meisters zu sein.

> „Wie weit der Schüler kommen wird, entzieht sich der Sorge des Lehrers und Meisters. Er muß den Schüler, kaum hat er ihm den rechten Weg gewiesen, allein weitergehen lassen. Nur Eines hat er noch zu tun, damit der Schüler die Einsamkeit bestehe: er löst ihn von sich selbst, vom Meister, los, indem er ihn herzlich ermahnt, weiter zu kommen als er selbst und ‚auf des Lehrers Schultern zu steigen'. Der Schüler, wo hin ihn auch der Weg führen möge, kann seinen Lehrer nicht vergessen. In einer zu jedem Opfer bereiten Dankbarkeit, in die sich die kritiklose Verehrung des Anfängers gewandelt hat, steht er für ihn ein" (Herrigel 1951, 58f.).

Trainer-Pool

Der Erlebnispädagoge der Zukunft besteht aus einem Team von Trainern, die aus unterschiedlichen beruflichen und persönlichen Entwicklungswegen kommen, mit der Fähigkeit, sich im Trainingsverlauf optimal zu ergänzen und sich nach Abschluss wertschätzend und wachstumsfördernd Rückmeldungen über den Ablauf von Gruppenprozessen, eigenes Verhalten und Wirkung zu geben. In diesem Zusammenhang tragen überregionale Trainerzusammenschlüsse zur Qualitätssteigerung bei. Als die wichtigste Qualifikation erscheint die Fähigkeit und Bereitschaft zur kritischen Weiterentwicklung des eigenen Fachrepertoires und der Persönlichkeit, um eine optimale Arbeit mit (und dadurch für) die Teilnehmer zu ermöglichen.

Literatur

Günther, U., Sperber, W. (2000): Handbuch für Kommunikations- und Verhaltenstrainer. Psychologische und organisatorische Durchführung von Trainingsseminaren. 3. Aufl. München/Basel

Heckmair, B., Michl, W. (2002): Erleben und Lernen. Einstieg in die Erlebnispädagogik. 4. Aufl. Neuwied

Herrigel, E. (1951): ZEN in der Kunst des Bogenschießens. Bern/München/Wien

Kölsch, H. (1998): Der DIN-Erlebnispädagoge. In: Paffrath, H. (Hrsg.): Zu neuen Ufern. Dokumentation des internationalen Kongresses Erleben und Lernen. Alling

Kraus, L., Schwierisch, M. (1996): Die Sprache der Berge. Handbuch der alpinen Erlebnispädagogik. Alling

Küthe, I./Heckmair, B. (1993): Qualifikationsprofil Erlebnispädagoge – Versuch einer Standortbestimmung. In: e&l erleben und lernen, 2–3, 21–24

Lumma, K. (1992): Strategien der Konfliktlösung. 2. Aufl. Hamburg

Nickolai, W./Harder, G. (1992): Qualifikation und Ausbildung von Erlebnispädagogen. In: Bedacht, A. u. a. (Hrsg.): Erlebnispädagogik – Mode, Methode oder mehr? München, 131–139

Schulz von Thun, F. (1996): Praxisberatung in Gruppen. Weinheim/Basel

Jus rerum quae hodie eveniunt – Recht –

„Die Wahrheit eines Advokaten ist nicht Wahrheit, sondern Konsequenz, oder eine konsequente Zweckmäßigkeit.“

Henry D. Thoreau

Recht – Sicherheit – Versicherungen

Dieses und die beiden folgenden Kapitel beschäftigen sich mit Gratwanderungen für Institutionen und die von ihnen beauftragten oder selbständigen Trainerinnen. Rechtliche Zusammenhänge müssen bei Planung und Durchführung von Aktivitäten bekannt sein, denn sie bleiben immer wirksam. Diese Ausführungen sollen einen Einblick in den facettenreichen Komplex geben, ohne ihn vollständig behandeln zu können. Es liegt in der Eigenverantwortlichkeit der Trainerinnen, sich in diesem Themenbereich zu qualifizieren. Erlebnispädagogische Aktivitäten beinhalten Möglichkeit und Risiko eines Unfalls. Daraus ergeben sich folgende Aspekte: Sicherheit, um Unfälle möglichst auszuschließen, *rechtliche Fragen* nach der Verantwortlichkeit sowie der Abschluss von *Versicherungen* zur Deckung finanzieller (zivilrechtlicher) Ansprüche.

Antrags- und Offizialdelikte

Das Strafrecht unterscheidet zwei verschiedene Arten von Straftaten: Antragsdelikte, die nur verfolgt werden, wenn der Verletzte einen Strafantrag stellt (z. B. einfache vorsätzliche oder fahrlässige Körperverletzung) und Offizialdelikte, die unabhängig vom Willen des Verletzten verfolgt werden (z. B. Tötungsdelikte, schwere Formen der Körperverletzung oder Pflichtverstoß). Weiter ist zu beachten, dass Gesetzgebung und Rechtsprechung hinsichtlich der Behandlung der Tatbestände in Deutschland, Österreich und der Schweiz unterschiedlich sind und das Recht des jeweiligen Landes wirksam wird, in dem die (Straf-)Tat geschieht.

Körperverletzung

Der wichtigste Straftatbestand im erlebnispädagogischen Kontext findet sich im 17. Abschnitt des Strafgesetzbuches

(StGB): Bei Körperverletzung wird nach einfacher Körperverletzung (§ 223) gefährlicher Körperverletzung (§ 223 a), schwerer Körperverletzung (§ 224), Körperverletzung mit Todesfolge (§ 226) sowie fahrlässiger Körperverletzung (§ 230) unterschieden. Ereignet sich ein Unfall, besteht die Möglichkeit, Strafanzeige wegen Körperverletzung zu stellen. § 232 StGB sieht vor, dass vorsätzliche und fahrlässige Körperverletzung mit wenigen Ausnahmen nur auf Antrag verfolgt werden. In den übrigen Fällen erfolgt im Rahmen der Unfallmeldung eine automatische Ermittlung durch die Staatsanwaltschaft. Wird ein Verfahren eingeleitet und eröffnet, beginnt der Kreislauf mit Gutachten, Gegengutachten und Zeugen. Erfolgt ein Freispruch im Strafverfahren, ist eine zivilrechtliche Klage weiterhin möglich.

Schutzbefohlene

Die Misshandlung von Schutzbefohlenen (beispielsweise geistig oder körperlich behinderter Menschen) ist im Strafgesetzbuch in § 223 b geregelt. Von Missbrauch oder Misshandlung wird im Rahmen erlebnispädagogischer Aktivitäten natürlich nicht ausgegangen. Dennoch sei auch zusätzlich auf § 174 StGB hingewiesen, der den sexuellen Missbrauch von Schutzbefohlenen unter Strafe stellt.

Schadensersatz/ Schmerzensgeld

Ansprüche auf Schmerzensgeld (immaterieller Schaden) und Schadensersatz (materieller Schaden) sind im erlebnispädagogischen Kontext am ehesten von Bedeutung. „Schadensersatz“ meint zunächst den Ersatz des Wertes von Gegenständen, die im Rahmen einer (erlebnispädagogischen) Aktivität zu Schaden gekommen sind. Das Bürgerliche Gesetzbuch (BGB) regelt diesen Sachverhalt allgemein im 2. Buch im Ersten Abschnitt unter §§ 249 ff. Die Höhe des Schadensersatzes hängt von Art und Umfang des Schadens ab sowie davon, ob und inwieweit den Geschädigten ein Mitverschulden trifft. Dies wird durch das gerichtliche Verfahren festgelegt. Der wichtigste Aspekt ist der Anspruch auf Schmerzensgeld, der in § 847 BGB geregelt ist. Allgemein stellt sich auch hier die Frage des Mitverschuldens. Die Beweispflicht liegt beim Kläger. An dieser Stelle überschneiden sich die Bereiche Recht und Versicherung. Besteht durch den Veranstalter oder die selbständig durchführenden Trainerinnen keine Versicherung für die Teilnehmerinnen, treffen zivilrechtliche Haftungsansprüche allein und ausschließlich die Trainerinnen als Privatpersonen.

Aufsichtspflicht/ Sorgfaltspflicht

Aufsichtspflicht besteht allgemein gegenüber Minderjährigen oder besonderen Schutzbefohlenen. Die Sorgfaltspflicht hingegen besteht immer. Diese beginnt mit der Anschaffung von normgerechter Ausrüstung, beinhaltet Pflege und Wartung von Materialien und Anlagen bis zum verantwortungsvollen Umgang mit den Teilnehmerinnen. Es gehört zur Sorgfaltspflicht, ständig aktiv zu gewährleisten, dass eine Aktivität („nach Lehrmeinung") korrekt und sicher durchgeführt wird. Zur Sorgfaltspflicht gehört weiterhin, Teilnehmerinnen nicht über ihre Grenzen hinaus zu fordern. Ob der Sorgfaltspflicht jeweils genügt wurde, muss im Streitfall individuell geklärt werden. Der Begriff Fahrlässigkeit wurde bereits im Rahmen des Strafgesetzes erwähnt. Während im Strafrecht ein individueller, an der handelnden Person ausgerichteter Sorgfaltsmaßstab gilt, greift im Zivilrecht ein objektiver, an den Verkehrsbedürfnissen ausgerichteter Sorgfaltsmaßstab. Es wird unterschieden zwischen „fahrlässig" und „grob fahrlässig". Die Beurteilung, wann fahrlässiges bzw. grob fahrlässiges Handeln vorliegt, erfolgt letztlich durch das Gericht.

Jugendschutz

Findet eine erlebnispädagogische Aktivität mit Jugendlichen unter 18 Jahren statt, sind zusätzlich die Bestimmungen des Jugendschutzes zu beachten: Das gilt insbesondere für das Gesetz zum Schutz der Jugend in der Öffentlichkeit (JÖSchG), das gemäß § 2 für Kinder (noch nicht 14 Jahre alt) und Jugendliche (14 aber noch nicht 18 Jahre alt) gilt. In diesem Zusammenhang gehen Teile der elterlichen Verantwortlichkeit, durch das für manche erlebnispädagogische Aktivitäten notwendige Einverständnis der Eltern, auf die Trainerinnen über. Auch wenn die Realität manche Paragraphen dieses Gesetzes bereits eingeholt hat, sind § 4 (Verbot von alkoholischen Getränken), § 5, der Jugendlichen unter 16 Jahren den Besuch von öffentlichen Tanzveranstaltungen ohne Begleitung eines Erziehungsberechtigten verbietet, sowie § 9, der das Rauchen in der Öffentlichkeit für Kinder und Jugendliche unter 16 Jahren untersagt, hervorzuheben.

Weitere Bestimmungen

Neben diesen rechtlichen Aspekten und Grundlagen gibt es noch eine Vielzahl von einzelnen Gesetzen, Bestimmungen und Verordnungen, die für spezielle Aktivitäten gelten: Rafting-Verordnungen, Kletterverbote, Fahrverbote für Mountain-Bikes oder Berechtigungen für Höhlenbefahrungen sind bei der Planung zu berücksichtigen und im Zweifelsfall vorher zu klären. In diesem Zusammenhang muss ein Bergschulgesetz, das mit jeweils verschiedenen Inhalten in Bayern und Baden-Württemberg gilt, erwähnt werden. Danach darf jede Art von alpiner Ausbildung nur von staatlich geprüften Berg- und Skiführerinnen durchgeführt werden (Ausnahmen sind ebenfalls darin geregelt). Abgesehen davon, dass erlebnispädagogische Aktivitäten keine Ausbildung darstellen sollen, ist es wichtig, diesen Aspekt in jeder Konzeption und Ausschreibung zu berücksichtigen. Sind die Grenzen fließend, empfiehlt es sich, Bergführerinnen ins Team einzubinden.

Risiko versus Qualität

Zum Abschluss sei der Wunsch formuliert, dass Trainerinnen in der Erlebnispädagogik verantwortungsvoll mit ihren Aufgaben umgehen. Sicherlich werden viele Aktivitäten durchgeführt, die sich im Grenzbereich oder jenseits der Legalität befinden. Dagegen ist – auch wenn nichts passiert – einzuwenden, dass dieses Risiko zu hoch ist und die erlebnispädagogische Qualität verringert wird. Es gibt in Deutschland eine Vielzahl von Institutionen und Anbietern, die qualifizierte erlebnispädagogische Aktivitäten durchführen sowie eine wachsende Anzahl von Referentinnenvereinigungen, die unterschiedlichste natursportliche, psychologische und pädagogische Bereiche abdecken können. Dadurch steigt die Qualität des erlebnispädagogischen Kurses und die rechtlichen Anforderungen werden erfüllt.

Literatur

Kwiatowski, T. (1992): Die Rechte und Pflichten der ehrenamtlichen JugendleiterInnen. Herausgegeben vom Kreisjugendring München Land. 2. Aufl.

Ratge, R. (1985): Rechtsfragen in der Jugendarbeit des DAV. In: Jugend des Deutschen Alpenvereins (Hrsg.): Handbuch für die Jugendarbeit im Alpenverein. München

Thoreau, H. D. (1967): Über die Pflicht zum Ungehorsam gegen den Staat. Zürich

Weber, K. (1995): Strafrechtliche Aspekte bei Bergunfällen. In: Deutscher Alpenverein (Hrsg.): Informationen für Fachübungsleiter und Ausbilder, 20, Juni

Zwischen Risiko und Gefahr – Sicherheit –

„Alt werden ist die einzige Möglichkeit, Bescheid zu wissen."

Oriana Fallaci

Ist Erlebnispädagogik sicher?

Restrisiko

Dieses Kapitel müsste eigentlich mit einer Definition des Begriffes „Sicherheit" beginnen und damit sind wir bereits beim Thema: Sicherheit gibt es nicht, sondern nur den „Ausschluss" von Unfällen. Hierzu werden unterschiedlichste Kriterien, Theorien und Techniken entwickelt, die sich in der Praxis bewähren, oder als „sicher" (unfallfrei) erweisen. Da die Durchführung einer Aktivität (die nach objektiven Kriterien oder „Lehrmeinung" falsch, also gefährlich ist) nicht sicher ist, auch wenn nichts passiert, muss der Begriff Sicherheit einerseits nach den Kriterien Risiko und Gefahr entwickelt werden und andererseits mit technischem Know-how und Standards verknüpft sein. Sicher ist zumindest, dass immer etwas passieren kann, auch wenn die Aktivität als sicher durchgeführt gilt. Dieses „Restrisiko" ist nicht auszuschließen. Es bleibt festzuhalten, dass Sicherheit

- ein vor allem durch die Trainer ständig aktiv herzustellender Zustand ist, dies schließt die Qualifizierung der Teilnehmer hinsichtlich technischen Know-hows ein;
- sich indirekt durch die Begriffe Risiko und Gefahr definieren lässt; Ziel von Sicherheit ist es, Risiko zu reduzieren und Gefahr auszuschließen; daraus haben sich Sicherheitstandards entwickelt;
- bedeutet, jede mögliche Gefährdung zu antizipieren und durch technisches Know-how zu kompensieren.

Sicherheit aktiv herstellen

Die besten Konzeptionen und Ausrüstungsnormen sind Kriterien dafür, dass Sicherheit möglich werden kann, aber erst durch aktives Handeln entsteht.

Psychische und physische Sicherheit

Allgemein ist nach physisch-objektiver Sicherheit und psychisch-subjektiver Sicherheit zu unterscheiden. Die objektive Sicherheit ist durch Standards, Ausrüstung und Lehrbücher vermittelbar. Bei der psychischen Sicherheit ist dies schwieriger. Hier gilt der Grundsatz: *Eine Situation ist so sicher, wie der Teilnehmer sich fühlt.* Paul Watzlawick hat dies mit der „selbsterfüllenden Prophezeiung" beschrieben, denn die Psyche schafft sich ihre Realitäten. „Die Prophezeiung des Ereignisses führt zum Ereignis der Prophezeiung" (Watzlawick 1983, 59). Voraussetzung ist, dass man sich selbst etwas prophezeit oder prophezeien lässt und dass man es für eine unabhängig von einem selbst bestehende oder unmittelbar bevorstehende Tatsache hält. Auf diese Weise kommt man genau dort an, wo man nicht hinkommen wollte. Hier sind Trainer besonders gefordert, um mit Fingerspitzengefühl die psychische Situation der Teilnehmer wahrzunehmen und entsprechend zu interagieren. Jede objektiv sicher angelegte Aktivität muss also auch individuell als sicher empfunden werden. Andernfalls kann dies zu Blockaden, Ängsten oder Gruppenzwang führen. Vermutlich ist die psychische Sicherheit oft schwieriger herzustellen als der objektive Sicherheitstandard. Andererseits machen auch fünf zugeschraubte

- Verfügen, die Verantwortlichen über die notwendige fachliche und formale Qualifikation und die psychischen Fähigkeiten?
- Sind, je nach Gruppengröße, ausreichend Verantwortliche zur Gewährleistung der Sicherheit anwesend?
- Verfügen die Verantwortlichen über Wissen, Ausrüstung und Krisenpläne für Notfälle (Bergung, Erste Hilfe)?
- Sind die aktuellen objektiven Bedingungen für die Durchführung der Aktivität günstig?
- Ist die Vermittlung von Sicherheitstechnik für die Teilnehmer ausreichend?
- Besteht eine Rückzugs-/Abbruchmöglichkeit während der Durchführung?
- Gibt es Möglichkeiten, schnell Unterstützung oder Hilfe anzufordern (Funk, Handy)?
- Wurde die Aktivität mit der Gruppe ausreichend vorbereitet?
- Sind die Teilnehmer physisch und psychisch der Aufgabenstellung gewachsen?
- Wurden von den Verantwortlichen alle notwendigen Vorinformationen für die Aktivität eingeholt und berücksichtigt?
- Entsprechen Aufbau, Konstruktion und Ablauf der Übung sowie die Ausrüstung den entsprechenden fachlichen Standards?

Karabiner (auch wenn dies objektiv nicht notwendig ist) eine Aktivität nicht sicherer.

Leitfragen Sicherheit

Es gibt kein endgültiges Sicherheitskonzept, das universell auf alle Aktivitäten und Teilnehmer anwendbar wäre. Lediglich „Richtlinien" lassen sich erstellen. Jeder Veranstalter muss für sein Programm und Setting die notwendigen Kriterien erarbeiten und gewährleisten. Die „Checkliste" auf S. 48 stellt Hinweise und Leitfragen für Sicherheitskonzeptionen dar, ist aber keinesfalls als „Katalog", um Notwendigkeiten abzuhaken, zu verstehen.

Grenzen

Zentraler Punkt bei der Durchführung ist nicht die Machbarkeit, sondern vielmehr die Frage: Ist diese Aktivität mit der jeweiligen Gruppe im aktuellen Kursgeschehen sinnvoll und hilfreich? Der immer noch anhaltende Boom erlebnisorientierter Aktivitäten scheint manchmal noch immer „Masse statt Klasse" notwendig zu machen. Die zentrale Rolle in der Sicherheitskette bildet die Persönlichkeit der Trainer: Können sie die Gruppe „sicher" während der Aktivität anleiten? Dabei darf die Motivation für die Konzeption niemals durch Eigeninteresse geprägt sein.

Literatur

Fallaci, O. (1982): Ein Mann. Frankfurt/M.

Heekerens, H.-P. (1998): Risiko und Gefahr. In: Kölsch, H. (Hrsg.): Wege Moderner Erlebnispädagogik. 2. Aufl. München

Schubert, P. (1994): Sicherheit und Risiko in Fels und Eis. München

Siebert, W./Gatt, S. (1998): Zero Accident. Qualitätsstandards für erlebnispädagogische Wirtschaftstrainings. In: Paffrath, H. (Hrsg.): Zu neuen Ufern. Dokumentation des internationalen Kongresses erleben & lernen. Alling

Watzlawik, P. (1983): Anleitung zum Unglücklichsein. Gütersloh

Im Falle eines Falles – Versicherung –

„Tatsächlich gibt es nirgendwo auf der Welt ein Produkt oder eine Dienstleistung Versicherung. Versicherung ist nichts anderes, als vorhandenes Geld zusammenzulegen zum Zwecke eines gemeinschaftlichen Schadensausgleichs.“

Hans Dieter Meyer

Haftpflichtversicherung

Haftpflichtversicherungen decken finanzielle Forderungen von Teilnehmerinnen, die sich aus Schadensersatzansprüchen herleiten. Grundsätzlich stellt sich hier die Frage, wer die entsprechenden Versicherungen abschließt. Dies erfolgt in der Regel durch den Veranstalter, der sowohl die Teilnehmerinnen als auch die Trainerinnen versichert. Treten die Trainerinnen gleichzeitig auch als Veranstalterin auf, muss die Versicherung von deren Seite abgeschlossen werden. Dies ist oft nicht einfach, da durch die verhältnismäßig hohen Deckungssummen einmalige Versicherungen teuer sind. Aus diesem Grund wird häufig vom Abschluss einer Versicherung „abgesehen“. Auch wenn dies Praxis zu sein scheint, wird an dieser Stelle nachdrücklich darauf hingewiesen, dass in diesem Fall die Trainerinnen mit ihrem Privatvermögen haften, denn eine private Haftpflichtversicherung greift im Fall eines Unfalles im Rahmen einer erlebnispädagogischen Aktivität nicht. Ein weiterer Aspekt ist die Frage, ob das Nicht-Abschließen einer Versicherung für die Teilnehmerinnen bereits als fahrlässiger Verstoß gegen die Sorgfaltspflicht gesehen werden kann. Da erlebnispädagogische Aktivitäten in den allgemeinen Geschäftsbedingungen von Versicherungen nicht vorgesehen sind, müssen Umfang und Art der natursportlichen Aktivitäten genau beschrieben und mit der Versicherung explizit vereinbart sein. Die Deckungssummen für Haftpflichtfälle sollte für Personenschäden bei ca 3,5–4 Mio. Euro und für Sachschäden bei 0,5–0,8 Mio. Euro liegen.

Rechtschutz und Unfallversicherung

Unfallversicherungen decken Schäden ab, die bei Teilnehmerinnen zur Berufs- oder Erwerbsunfähigkeit führen. Auch hier sind Art und Umfang der Versicherungsleistung und die versicherten Aktivitäten genau zu klären. Im Rahmen einer Unfallversicherung ist weiterhin eine Versicherung der Trainerinnen dringend zu empfehlen. Auch dies ist gesondert zu vereinbaren. Bei einem „Versicherungspaket" bietet es sich an, eine Rechtsschutzversicherung abzuschließen. Es muss geklärt sein, wann diese Versicherung greift und welche Ausschlüsse von Versicherungsseite vorgegeben werden. Eine Rechtsschutzversicherung übernimmt in der Regel die Kosten für rechtliche Beratung sowie Vertretung vor Gericht. Die Kosten für die Erstellung von Gutachten werden je nach Art und Umfang des Leistungspaketes ebenfalls übernommen.

Keine Aktivität ohne Versicherung

Meist verfügen (nur) professionelle Anbieter, die sich auf erlebnispädagogische Aktivitäten spezialisiert haben, über ausreichenden Versicherungsschutz. Institutionen, Verbände oder Vereine haben Versicherungspakete, allerdings sind darin erlebnispädagogische Aktivitäten und die Versicherung der Teilnehmerinnen nicht immer vorgesehen. Bevor eine erlebnispädagogische Aktivität durchgeführt wird, ist es notwendig, mit dem Auftraggeber die Versicherungsfrage zu klären. Lassen sich bestimmte Aktivitäten wie Klettern oder Rafting nicht versichern, muss die Konzeption verändert werden.

Literatur

Jugend des Deutschen Alpenvereins (Hrsg.) (o.J.): Versicherungen. München

Meyer, H. D. (1991): Versichern ja, aber für weniger Geld. Hamburg

Ratge, R. (1985): Versicherungen. In: Jugend des Deutschen Alpenvereins (Hrsg.): Handbuch für die Jugendarbeit im Alpenverein. München

TEIL II

Erlebnispädagogische Aktivitäten

Das „Kleingedruckte" vorab!

„Ein Schüler beklagte sich einst bei seinem Lehrer: ‚Ihr erzählt uns Geschichten, aber nie enthüllt Ihr ihre Bedeutung.' Sagte der Meister: ‚Wie würde es Euch gefallen, wenn Euch jemand vorgekaute Früchte anböte'".

Anthony de Mello

Aktivitäten variieren

Die folgenden Beschreibungen der einzelnen erlebnispädagogischen Aktivitäten sind als Praxishilfen gedacht, zum Nachlesen bekannter und zum Entdecken neuer Übungen und Aufgaben. Jede, die zumindest erste praktische Erfahrungen mit der Erlebnispädagogik gemacht hat, weiß, wie Aktivitäten präsentiert, durchgeführt und ausgewertet werden können. Dauer und Ort der Aktion, Konzepte und Ziele, Anzahl und Alter der Teilnehmerinnen sind wichtige Kriterien bei der Gestaltung einzelner Übungen und Sequenzen. Wir haben wir uns bei den Beschreibungen auf die wesentlichen Aspekte beschränkt. Und wir möchten Sie ermutigen, den Seitenrand zu nützen und Ihre eigenen Erfahrungen, Modifikationen und Ideen für sich zu dokumentieren.

Für alle Übungen und Aktivitäten ist generell zu beachten:

körperliche Leistungsfähigkeit der Teilnehmerinnen beachten

- Erlebnispädagogik ist stets mit Handeln und häufig mit sportlicher Betätigung verbunden. Eine ausreichende körperliche Konstitution ist nicht nur Grundvoraussetzung für erfolgreiches Agieren, sondern auch aus sicherheitstechnischen und versicherungsrechtlichen Fragen unbedingt notwendig. Viele Organisationen verlangen inzwischen von Teilnehmerinnen ärztliche Unbedenklichkeitsbescheinigungen oder Auskünfte über ihren Gesundheitszustand. Daneben ist es auf jeden Fall sinnvoll, bereits vor einer Aktivität mögliche körperliche Beanspruchung und Risiken deutlich zu machen. Beim Vertrauensfall beispielsweise sollte auf die Belastungen der Wirbelsäule hingewiesen werden. Selbstverständlich geht es nicht darum, unnötige Ängste zu schüren, aber mehr Transparenz ermöglicht es den Teilnehmerinnen, ihre Verantwortung für sich selbst besser wahrnehmen zu können.

Unfällen vorbeugen

- Gerade weil sich Gruppen draußen und aktiv bewegen, sind Kratzer und Blessuren gelegentlich unvermeidlich. Es versteht sich von selbst, dass die Trainerin stets Verbandsmaterial mit sich führt und in der Lage ist, Erste Hilfe zu leisten. Unabhängig davon lassen sich viele Verletzungen vermeiden: durch Aufwärmen vor körperlichen Aktivitäten, durch angemessene Kleidung (z.B. Sonnenhut gegen Sonnenbrand, knöchelhohe Schuhe gegen Umknicken), durch Sicherheitsstellungen auch bei scheinbar einfachen Übungen.

Notfallmaßnahmen klären

- Das Unfallrisiko kann durch geeignete Vorbereitungen und Sorgsamkeit minimiert werden, ganz auszuschließen ist es nicht. Deshalb müssen die Trainerinnen auch für diesen Fall gerüstet sein: Sie müssen den Ernst der Lage einschätzen, die Mithilfe der Gruppe lenken und gegebenenfalls professionelle Hilfe von außen aktivieren. Da dies im Notfall sehr schnell geschehen muss, ist es absolut sinnvoll, bei allen Aktivitäten fernab von Gebäuden Handy oder Funkgerät mitzunehmen.

essen & trinken nicht vergessen

- Die meisten erlebnispädagogischen Aktivitäten sind mit Bewegung verbunden, sie finden im Freien statt und erfordern von allen Beteiligten viel Energie. Dabei wird nur allzu oft vergessen, dass gerade im Gebirge oder an der See der Flüssigkeitsbedarf des Menschen ansteigt. Rechtzeitige Nahrungsaufnahme und ausreichendes Trinken sind nicht nur für das Wohlbefinden von Teilnehmerinnen und Trainerinnen wesentlich, sie sind ebenso bedeutsam für die Präventionen von Verletzungen durch Erschöpfung, Überhitzung und Auskühlung. Deshalb gehört in jeden Rucksack, Satteltasche oder Seesack eine Trinkflasche mit – den äußeren Gegebenheiten entsprechend – kaltem oder warmen Getränk.

„Der Worte sind genug gewechselt,
laßt mich auch endlich Taten sehn!
Indes ihr Komplimente drechselt,
kann etwas Nützliches geschehn."

Johann Wolfgang von Goethe

Und los geht's mit den Aktivitäten …

Initiativübungen

Initiativübungen in der Anfangsphase

Die beschriebenen Übungen eignen sich für Anfangssituationen in der Gruppenarbeit, fördern den Prozess des Kennenlernens der Teilnehmerinnen untereinander, schaffen Vertrauen und helfen, Berührungsängste abzubauen. Da die Übungen meist im Freien stattfinden, ist die Gruppe bereits ein erstes Mal gemeinsam unterwegs und die „klassische" Seminarstruktur wird aufgelöst. Durch variable Aufgabenstellungen entwickeln sich unterschiedliche Möglichkeiten, Gruppenprozesse transparent zu machen, die zusätzlich unter dem Aspekt der Naturwahrnehmung miteinander verknüpft werden können. Wird den Aufgabenstellungen ein spielerischer Charakter, z. B. durch eine Geschichte, hinzugefügt, lassen sie sich in der Arbeit mit Kindern und Jugendlichen vorteilhaft einsetzen. Viele der Übungen sind nahezu überall durchführbar, können variabel gestaltet werden und benötigen nur wenig Material. Besonders in der Anfangsphase ist darauf zu achten, dass die Lösung der Aufgaben auch Spaß macht. Die verhältnismäßig intensive körperliche Nähe ist je nach Übung und Gruppenkonstellation zu berücksichtigen und ermöglicht Intensität, wichtige Techniken der Problemlösung, Zusammenarbeit und Selbsteinschätzung miteinander zu kombinieren.

Sicherheit

Bei der Durchführung ist besonderes Augenmerk auf die Auswahl des Geländes zu legen: Dieses muss als „objektiv" sicher eingeschätzt werden können, d. h. es ist kein Absturz möglich und die Verletzungsgefahr durch Geländestrukturen wird vermieden. Spezielle Hinweise zur Sicherheit finden sich bei den einzelnen Beschreibungen.

Übungen miteinander verknüpfen

Die Vertrauensübungen lassen sich als aufeinander aufbauende Reihe miteinander verknüpfen: Zunächst können sich die Teilnehmerinnen mit dem *Vertrauensspaziergang* an eine neue Art von Kommunikation und Umgang untereinander gewöhnen. In der Blinden Schlange wird dies in der gesamten

Gruppe umgesetzt. Der *Kreis des Vertrauens* bringt die Komponente des „Sich-fallen-Lassens" in die Gruppe hinein. Der *Vertrauensfall* als Abschluss bietet die Möglichkeit für hohe Erlebnisintensität und Nähe innerhalb der Gruppe.

Zeit für Entwicklung lassen

Zur Durchführung muss ausreichend Zeit vorhanden sein, um Intensität entstehen und wirken zu lassen. Die Gruppe soll ihre Aufgabe wirklich selbständig durchführen können. Hier ist das Prinzip der Freiwilligkeit von Bedeutung: Wenn Teilnehmerinnen sich an einzelnen Übungen nicht beteiligen wollen, ist es notwendig, Alternativen anzubieten und diese mit der Gruppe zu besprechen.

Balken

Beschreibung

Zur Durchführung ist ein Baumstamm notwendig, der lang genug ist, damit die gesamte Gruppe nebeneinander darauf stehen kann. Als Alternative bietet sich eine Wippe an, wobei dann die Aufgabenstellung des Gleichgewichthaltens hinzukommt.

Gelände – Ort

Das Gelände um den Baumstamm herum muss flach und eben sein. Um ein Umknicken mit dem Fuss beim Abspringen zu vermeiden, sollten herumliegende Äste oder Steine weggeräumt werden.

Sicherheit

Die Teilnehmerinnen werden darauf hingewiesen, dass sie sich beim unfreiwilligen Abspringen während der Aktion loslassen müssen, damit keine „Kettenreaktion" erfolgt. Wird die Aufgabe auf einer Wippe durchgeführt, müssen die Teilnehmerinnen darauf achten, dass stets ein Ende der Wippe den Boden berührt und sich das Gleichgewicht der Wippe nicht verändert, da sonst ein „Katapulteffekt" entsteht.

Materialien

Ein Baumstamm in freier Natur, am besten geschält ohne hervorragende Endstücke von Ästen. Bei der Wippe muss eine Konstruktion gebaut werden. Ein Balken oder ein langes Brett darf nicht unfixiert auf einen Drehpunkt gelegt werden, da dieser möglicherweise während der Durchführung zu rollen beginnt und seitlich abrutscht.

Aufgabenstellung

Die Teilnehmerinnen stellen sich zunächst in beliebiger Reihenfolge auf den Balken, alle mit Blick zur Trainerin und erhalten nun verschiedene Aufgabenstellungen:

- Die Gruppe stellt sich in alphabetischer Reihenfolge auf.
- Die Gruppe stellt sich in der Reihenfolge der Geburtstage auf.
- Die Gruppe stellt sich der Größe nach auf.

Während der Durchführung sollte möglichst keine der Teilnehmerinnen von dem Balken abspringen müssen.

Varianten zur Aufgabenstellung

- Es darf nicht gesprochen werden.
- Die Gruppe entscheidet vor der Durchführung, ob sie die Aufgabe ohne unfreiwilliges Abspringen vom Balken schafft oder schätzt sich selbst möglichst präzise ein, wie oft dies passieren kann.

Interventionen während der Durchführung

Vor allem bei der Wippe muss die Trainerin darauf achten, dass kontrolliert abgesprungen wird und keine plötzlichen Gleichgewichtsveränderungen auf der Wippe entstehen. Hier besteht die größte Verletzungsgefahr. Da bei dieser Aufgabe viel Geschicklichkeit gefragt ist, liegt das besondere Augenmerk der Trainerin auf der Koordinationsfähigkeit der Teilnehmerinnen.

Nachbesprechung

Inhalte
- Wie wurden die unterschiedlichen Aufgabenstellungen gelöst?
- Wie waren die verschiedenen Gruppenmitglieder an der Durchführung beteiligt?
- Gab es Berührungsängste in der Gruppe?
- Was bedeutet „Gleichgewicht“ für eine Gruppe?

Methoden
- Auswertung im Kreis unmittelbar nach der Aktion.
- Jede Teilnehmerin überlegt sich vor der Auswertung ein wichtiges Element zur Lösung der Aufgabe.
- Alle durchgeführten Lösungsmodelle werden gesammelt, zusammengefasst und diskutiert.

Insel

Beschreibung

Ziel ist es, dass die Gruppe vollständig auf einem möglichst kleinem Platz, der *Insel*, zusammenkommt. Dabei ist es von der Aufgabenstellung abhängig, wieviele Gruppenmitglieder den Boden berühren müssen oder dürfen. Die Insel ist groß genug, damit alle Teilnehmerinnen Platz finden, aber so klein gewählt, dass Planung notwendig ist, um alle auf der Insel unterzubringen. Die Aufgabe ist gelöst, wenn die Gruppe die vorgegebene Stellung auf der Insel eine bestimmte Zeit (ca. 10 Sek.) gehalten hat.

Gelände – Ort

Die Übung ist an nahezu jedem Ort, auch in geschlossenen Räumen, problemlos durchführbar.

Sicherheit

Es sollte ausreichend Platz vorhanden sein, wenn einzelne Gruppenmitglieder während oder nach der Übung abspringen oder das Gleichgewicht verlieren. Der Untergrund muss eben sein, die Insel, auf der sich die Gruppe befinden wird, ist stabil, am besten fixiert.

Materialien

Die Insel kann mit Kreide aufgezeichnet oder mittels einer ausgelegten Schnur (ca. 5 m Länge) dargestellt werden. Ebenso eignet sich ein abgesägter Baumstamm, der nicht höher als 50 cm sein sollte.

Aufgabenstellung

Grundgedanke ist, dass sich die Gruppe eine kurze, vorgegebene Zeit auf einem möglichst kleinen Ort befinden muss. Dabei sind unterschiedliche Varianten möglich. Die Gruppe bekommt die Insel und die Kriterien zur Lösung entweder vorgegeben, oder die Aufgabenstellung wird zunächst beschrieben, dann muss sich die Gruppe selbst mit Kreide oder einem Seil aufgrund ihrer Selbsteinschätzung die Insel möglichst klein definieren und die Aufgabe lösen.

Varianten zur Aufgabenstellung

- Es darf grundsätzlich nicht gesprochen werden, oder während der Durchführung darf immer nur die gleiche Person sprechen.
- Es dürfen nur eine bestimmte Anzahl von Füßen auf der Insel stehen.
- Neben einer vorgegebenen Anzahl von Füßen muss eine zusätzliche Anzahl von Händen die Insel berühren.

- Die Gruppe muss sich auf der Insel in Form einer Skulptur befinden.
- Einige Gruppenmitglieder haben verbundene Augen, andere dürfen nicht sprechen.
- Die Gruppe hat nur einen Versuch für ihre Lösung.

Interventionen während der Durchführung

Die Trainerin überwacht die Einhaltung der Regeln und greift nur ein, wenn die Sicherheit der Teilnehmerinnen nicht gewährleistet ist; sie kontrolliert am Ende, ob die Kriterien der Aufgabenstellung erfüllt wurden.

Nachbesprechung

Inhalte
- War die Selbsteinschätzung der Gruppe realistisch?
- Wurden alle Teilnehmerinnen gleichberechtigt an Diskussion und Durchführung beteiligt?
- Kreativität bei der Problemlösung

Methoden
- Jeweils zwei Teilnehmerinnen besprechen einen der o.g. Inhalte und stellen ihre Ergebnisse der Gruppe vor.
- Diskussion über die Qualität der Selbsteinschätzung: Die Gruppe visualisiert auf einem Blatt die Ergebnisse ihrer Selbsteinschätzung. Die Ergebnisse können dann bei einer anderen Problemlösungsaufgabe wieder aufgenommen werden.

Rollmops

Beschreibung

Die möglichst eng aneinanderstehenden Teilnehmerinnen werden mit einem Seil zu einem *Rollmops* zusammengebunden. Dabei ist darauf zu achten, dass das Seil auf Hüfthöhe verläuft und keine Einschnürung vorkommt.

Gelände – Ort

Grundsätzlich ist jeder Ort geeignet. Mit dieser Übung kann – am Beginn eines Trainings – symbolisch ein Ortswechsel vollzogen werden: von drinnen nach draußen, vom Haus ins Gelände. Schwierigkeiten wie Türen, Treppen oder Bordsteine müssen dabei entweder umgangen oder von der Gruppe als Teil der Aufgabe bewältigt werden.

Sicherheit

Die Teilnehmerinnen werden darauf hingewiesen, dass ruckartige und überraschende Bewegungen Einzelner dazu führen können, dass die ganze Gruppe aus dem Gleichgewicht gerät. Gegenstände der Teilnehmerinnen, die durch den engen Körperkontakt zu Verletzungen führen könnten (z. B. Armreife, Uhren), werden vorher abgelegt.

Materialien

Ein Seil von ca. 10 m Länge, eventuell Augenbinden.

Aufgabenstellung

Die als Rollmops zusammengeschnürte Gruppe soll sich gemeinschaftlich zu einem vorgegebenen Ort bewegen.

Varianten zur Aufgabenstellung

- Es darf während der Aufgabe nicht gesprochen werden.
- Einigen Teilnehmerinnen werden die Augen verbunden.
- Eine Teilnehmerin bleibt außerhalb des „Rollmops“ und dirigiert die anderen, die alle die Augen verbunden haben.
- Es müssen bestimmte Hindernisse (Treppen, Baumstämme) überwunden werden.

Interventionen während der Durchführung

Nur wenn Ernsthaftigkeit und Sicherheit nicht mehr gewährleistet sind, greift die Trainerin ein. Bei schwierigen Passagen sollte sie zur Sicherheit dicht an der Gruppe stehen und Hilfestellung geben.

Nachbesprechung

Inhalte
- Ablauf und Phasen der Durchführung
- Angenehme und unangenehme Aspekte im Rollmops
- Zusammenspiel der einzelnen Teilnehmerinnen
- Ernsthaftigkeit und Bereitschaft, Verantwortung für andere zu übernehmen
- Selbsteinschätzung der Gruppe, wie sie die Aufgabe gelöst hat
- Umgang mit Nähe

Methoden
- Blitzlicht
- Gruppengespräch unmittelbar nach der Aktion
- Thematische Vorbereitung in Kleingruppen

Blind nach Nummern aufstellen

Beschreibung

Die Teilnehmerinnen verbinden sich mit Tüchern die Augen und schweigen. Die Trainerin flüstert jeder Teilnehmerin eine Zahl ins Ohr und verteilt die einzelnen so im Gelände, dass Teilnehmerinnen mit benachbarten Nummern nicht unmittelbar nebeneinander stehen. (Damit die Trainerin weiß, wem sie bereits eine Nummer zugeteilt hat, sollten die Personen mit Nummer bis zum eigentlichen Spielbeginn eine Hand heben.) Die Gruppe muss jetzt eine Strategie entwickeln, sich blind und nonverbal ihre jeweiligen Nummern mitteilen und sich dann in einer Reihe nebeneinander aufstellen.

Gelände – Ort

Das Gelände ist möglichst eben und hindernisfrei. Bei zehn Teilnehmerinnen sollten mindestens 100 qm Fläche zur Verfügung stehen.

Sicherheit

Brillen werden vor dem Verbinden der Augen abgenommen, damit diese im Kontakt mit anderen nicht beschädigt werden.

Materialien

Augenbinden

Aufgabenstellung

Nachdem jede Teilnehmerin eine Nummer bekommen hat und alle im Gelände verteilt sind, müssen sie sich blind und nonverbal ihren Nummern entsprechend in einer Reihe aufstellen. Wenn die Gruppe die richtige Reihenfolge eingenommen hat (oder ein Fortgang der Lösung nicht abzusehen ist), nehmen die Teilnehmerinnen die Augenbinden ab und nennen, an ihrem Platz stehend, die eigene Nummer.

Varianten zur Aufgabenstellung

- Die Gruppe erhält eine vorgegebene Planungszeit, in der noch gesprochen werden darf.
- Die Gruppe muss mittels eines Signals der Trainerin zu verstehen geben, dass sie die Aufgabe als gelöst betrachtet.
- Es werden einzelne Zahlen doppelt vergeben (z. B. 1, 2, 3, 4, 4, 5, 6, 7, 7).
- Die Zahlen beginnen nicht bei 1, sondern bei 11.
- Es werden nur gerade oder ungerade Zahlen vergeben.
- Die Gruppe erhält für die Lösung des Problems ein Zeitlimit.

Interventionen während der Durchführung

Die Trainerin muss verhindern, dass Teilnehmerinnen an Gegenstände stoßen. Eventuell muss sie die Einhaltung der Regeln (keine verbalen Äußerungen) einfordern.

Nachbesprechung

Inhalte
- Phantasie und Kreativität bei der Lösung der Aufgabe
- Umgang miteinander beim Bekanntgeben der eigenen Zahl und Koordination der Reihenfolge
- Kommunizieren unter veränderten, ungewohnten Bedingungen
- Bereitschaft, sich an vorgegebene Regeln zu halten und auf dieser Basis eine Lösung zu erarbeiten
- Übernahme von Verantwortung für die Gesamtlösung

Methoden
- Blitzlicht (eignet sich gut als Einstieg, da nach der Phase des „Blindseins“ und Schweigens häufig ein großes Mitteilungsbedürfnis besteht)
- Diskussion über spezifische Fragestellungen des Trainings
- Statement einer Beobachterin

Vertrauenswanderung

Beschreibung

Von jeweils zwei Teilnehmerinnen verbindet sich eine die Augen, die andere übernimmt die Führung der Nichtsehenden. Die Führende gestaltet die Schwierigkeit der Wanderung nach eigenem Ermessen, sie kann bewusst weitere Sinne in diese Übung einbeziehen, indem sie ihre Partnerin bestimmte Gegenstände ertasten, riechen oder auch schmecken lässt.

Gelände – Ort

Ideal für diese Übung ist abwechslungsreiches Gelände, das leichte und schwierigere Wege, aber auch interessante Tast-, Riech- und Geschmackerfahrungen zulässt. In jedem Fall muss es so weitläufig sein, dass die verschiedenen Paare sich nicht gegenseitig behindern. Akkustische Störungen sollten vermieden werden.

Sicherheit

Die Teilnehmerinnen müssen bereit sein, bei dieser Übung die Verantwortung für die Partnerin zu übernehmen und für deren Wohlbefinden zu sorgen.

Materialien

Augenbinden

Aufgabenstellung

Die Gruppe teilt sich in Paare auf. Dabei sollten sich jeweils diejenigen zusammenfinden, die Lust haben, diese Vertrauenswanderung miteinander zu erleben. Jedes Paar entscheidet für sich, wer zunächst die Führung übernimmt und wer mit geschlossenen oder verbundenen Augen geführt wird. Nach einer vereinbarten Zeit (ca. 15 Minuten) werden selbständig die Rollen gewechselt, am Ende der Gesamtzeit treffen sich alle wieder am Ausgangspunkt.

Varianten zur Aufgabenstellung

- Während des Führens darf nicht gesprochen werden.
- Die Führung erfolgt nur verbal, d. h. ohne Handreichung, Körperkontakt.
- In kürzeren Sequenzen werden die verschiedenen Möglichkeiten des Führens (verbal, nonverbal, ohne Körperkontakt) nacheinander erfahren.

Interventionen während der Durchführung

Es kann davon ausgegangen werden, dass die Teilnehmerinnen für ihre Sicherheit eigenverantwortlich sorgen. Dennoch behält die Trainerin die Paare stets im Blickfeld.

Nachbesprechung

Inhalte
- Was brauche ich, damit ich gut führen kann?
- Was brauche ich, damit ich mich führen lassen kann?
- In welchen Situationen fühle ich mich als Führende/Geführte wohl?
- Welche Situationen sind mir unangenehm?
- Welche Formen von Führung erlebe ich im Alltag?
- Welche Formen praktiziere ich?

Methoden
- Erarbeitung eines Flipcharts oder einer Collage zum Thema „Führen – Geführt werden“.
- Gespräch in Kleingruppen (z. B. jeweils zwei Paare)
- Jede Teilnehmerin sucht einen Gegenstand in der Natur, der für sie gute Führung symbolisiert, und schenkt diesen ihrer jeweiligen Partnerin. Feedback-Gespräch zwischen den jeweiligen Partnerinnen (nur) möglich, wenn sich die Teilnehmerinnen bereits gut kennen.

Blinde Schlange

Beschreibung

Wie eine Schlange, bei der alle Bewegungen vom Kopf ausgehen, schiebt sich die Gruppe durch das Gelände. Lediglich die erste Person der *Blinden Schlange* kann sehen, alle anderen haben die Augen geschlossen oder verbunden. Alle Teilnehmerinnen sind miteinander verbunden, indem sie jeweils der Person vor sich die Hände auf die Schultern oder an die Hüften legen.

Gelände – Ort

Blinde Schlange ist nahezu überall durchführbar. Eine abwechslungsreiche Bodenbeschaffenheit und die Vielzahl unterschiedlicher Hindernisse wie Baumstämme, Treppen, Steine, Äste steigern die Attraktivität und fördern das Verantwortungsbewusstsein.

Sicherheit

Je nach Schwierigkeit des Geländes sind knöchelhohe Schuhe empfehlenswert, um ein Umknicken zu vermeiden.

Materialien

Augenbinden

Aufgabenstellung

Die Gruppe stellt sich als Schlange hintereinander auf und bekommt mit Ausnahme der ersten Person die Augen verbunden. Die Führende bestimmt den Weg und das Tempo. Nach ca. zwei bis drei Minuten stoppt die Schlange, die erste Person geht ans Ende, verbindet sich die Augen, die nun vorne stehende Person öffnet die Augen und übernimmt die Führung. Dies wird fortgeführt, bis jede Teilnehmerin einmal geführt hat.

Varianten zur Aufgabenstellung

- Es darf während der gesamten Übung nicht gesprochen werden.
- Die Teilnehmerinnen verbinden sich zuerst die Augen und werden dann von der Trainerin positioniert, so dass sie nicht wissen, wer vor und wer hinter ihnen steht.
- Außer der Führenden hat auch die letzte Person die Augen offen.

Interventionen während der Durchführung

Die Trainerin muss einschreiten, wenn aufgrund von Unachtsamkeit der führenden Person Verletzungsgefahr für die anderen Teilnehmenden besteht (z. B. durch spitze Äste in Augenhöhe).

Nachbesprechung

Inhalte
- Vertrauen zur Führung
- Vertrauen von vorne bekommen und nach hinten weitergeben
- Sicherheit nach vorne und hinten geben
- Umgang mit Ängsten und Bedenken
- Verantwortung beim Führen
- Weitergabe von Informationen über die Beschaffenheit des Weges
- Qualität des Kontakts untereinander

Methoden
- Blitzlicht: „Als Führende habe ich …, als Geführte habe ich …"
- Gespräch in Kleingruppen
- Vorlesen eines Meditationstextes zum Thema „Führen – Geführt werden"

Kreis des Vertrauens

Beschreibung

Die Gruppe bildet einen Kreis, Schulter an Schulter, alle Teilnehmerinnen blicken nach innen. Jeweils eine Teilnehmerin stellt sich in den Mittelpunkt des Kreises, schließt die Augen und lässt sich nun in steifer Haltung (Körperspannung) nach hinten fallen. Die Teilnehmerinnen im Kreis halten sie fest und geben ihr behutsam neuen Schwung, so dass die sie nun in eine andere Richtung pendelt. Wichtig ist, dass der Kreis eng genug ist und die Teilnehmerin in der Mitte während der Übung ihre Körperspannung aufrecht erhält.

Gelände – Ort

Geeignet ist flaches Gelände, auf dem die Teilnehmerinnen sicher stehen können. Soll mit dieser Übung gleichzeitig die Wahrnehmung sensibilisiert werden, bietet es sich an, der Teilnehmerin in der Mitte die Augen zu verbinden und einen verhältnismäßig ruhigen Ort (z. B. Lichtung im Wald) auszuwählen.

Sicherheit

Die Trainerin achtet darauf, dass die Teilnehmerinnen im Kreis die Übung aufmerksam durchführen und sicher stehen. Gegebenenfalls macht sie die Teilnehmerin in der Mitte auf das Aufrechterhalten der Körperspannung aufmerksam. Es empfiehlt sich, möglichst nahe bei der Gruppe zu stehen, um die Reaktionen der Teilnehmerin in der Mitte des Kreises wahrnehmen und gegebenenfalls Hilfestellung leisten zu können.

Materialien

Augenbinde

Aufgabenstellung

Die Teilnehmerinnen stellen sich im Kreis auf und geben die Teilnehmerin in der Mitte wie ein nach vorne, hinten oder seitlich kreisendes Pendel weiter. Wichtig ist, dass die Teilnehmerin in der Mitte immer wieder den höchsten Punkt erreicht, um dann auf die eine oder andere Seite zu kippen. Es sollten möglichst alle Teilnehmerinnen die Aufgabe durchführen. Die Teilnehmerin in der Mitte des Kreises hat die Hände immer seitlich am Körper.

Varianten zur Aufgabenstellung

- Den Kreis etwas vergrößern
- Das Pendeln mit offenen Augen durchführen
- Als Wahrnehmungsübung: Bevor die Teilnehmerin in der Mitte erneut „pendelt“, wird sie einen Moment gehalten

und versucht, sich auf die Geräusche der Umgebung zu konzentrieren, dann wird die Übung fortgesetzt.

Interventionen während der Durchführung

Nur wenn Sicherheit und Aufmerksamkeit bei der Durchführung nicht (mehr) gewährleistet sind, greift die Trainerin korrigierend ein.

Nachbesprechung

Inhalte
- Fallenlassen und Gehalten werden
- Vertrauen in die Gruppe
- Akkustische Wahrnehmungen (Wind, Verkehrsgeräusche, Vogelstimmen)
- Was ist notwendig, um zu einer Gruppe Vertrauen zu entwickeln?
- Wie kann ich das Gefühl bekommen, zu (m)einer Gruppe Vertrauen zu haben?

Methoden
- Besprechung mit der Gruppe unmittelbar nach Ende der Aktion
- Partnerin-Interview
- Jede berichtet nur ihre Wahrnehmungen.

Vertrauensfall

Beschreibung

Beim Vertrauensfall steht die Gruppe in Gassenform hinter einer ca. 1,20 m hohen Plattform, von der sich jeweils eine Teilnehmerin rückwärts in die Arme der Gruppe fallen lassen wird. Die Teilnehmerinnen in der Gasse haben die Hände ausgestreckt und in Grätenform verzahnt. Sie sollten sich gegenseitig nicht festhalten, da die nach oben zeigenden Knöchel der Hände Verletzungen ermöglichen. Wichtig ist, dass eine weitere Person die Fallrichtung und den Zeitpunkt des Fallenlassens zwischen der Teilnehmerin und der Gruppe koordiniert.

Gelände – Ort

Geeignet ist ebenes Gelände, in dem die Gruppe sicher stehen kann. Notwendig ist ein Pfahl, Baumstamm oder eine Mauer. Der Punkt, von dem sich die Teilnehmerin fallen lassen wird, muss auf jeden Fall fixiert sein.

Sicherheit

Die Teilnehmerinnen müssen parallel zueinander in Gassenform, Schulter an Schulter stehen. Wird beim Fallen die Körperspannung nicht aufrecht erhalten, kommt das Hauptgewicht auf die Mitte der Gasse. Daher empfiehlt es sich, kräftigere Personen hier zu postieren.

Uhren, Armreifen, Ringe und Brillen werden abgelegt. Die Trainerin befindet sich nahe bei der Gruppe, so dass sie jederzeit in das Geschehen eingreifen kann. Wichtig ist, dass die Ausrichtung des Falls und die Richtung der Gasse aufeinander abgestimmt sind, denn andernfalls besteht die Gefahr, dass die Teilnehmerin nicht in die Gasse, sondern auf die übrigen Gruppenmitglieder fällt. Ein Fall vorwärts in die Gruppe ist nicht empfehlenswert.

Aufgabenstellung

Jede Teilnehmerin lässt sich rückwärts mit aufrecht erhaltener Körperspannung und seitlich am Körper angelegten Armen fallen und wird von den übrigen Mitgliedern aufgefangen. Die Gruppe muss den Ablauf der Aufgabe selbständig organisieren, d. h. sich miteinander absprechen, nach jedem Fall die Gasse neu koordinieren und die Sicherheit aller Teilnehmerinnen gewährleisten.

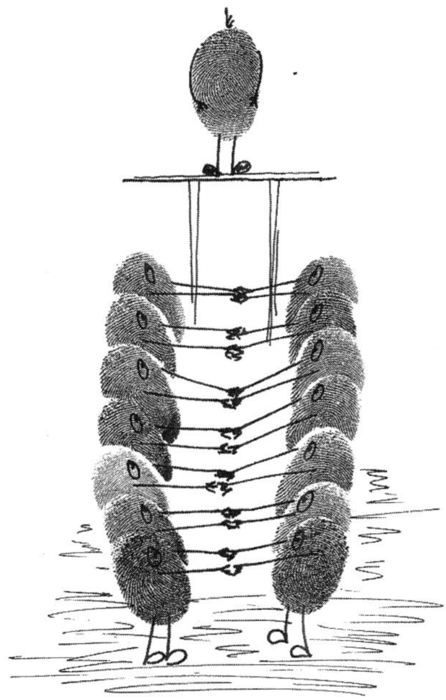

Varianten zur Aufgabenstellung

- Wenn Gruppe und Teilnehmerin bereit sind, zählt diese bis zehn und lässt sich erst dann rückwärts in die Gruppe fallen.
- Vertrauensschaukel: Hier erfolgt kein Fallen nach hinten, sondern eine Teilnehmerin wird in der Gasse in die Arme der Gruppe gelegt und dann hin und her geschaukelt. Dies ist vor allem für diejenigen wichtig, die den Vertrauensfall nicht durchführen wollen oder können.

Interventionen während der Durchführung

Die Trainerin überwacht die richtige Durchführung der Aufgabe, weist immer wieder auf das Einhalten der Körperspannung bei der Fallenden hin und kontrolliert die richtige Aufstellung der Gasse. Sollte die Durchführung nicht gemäß Aufgabenstellung und Anleitung erfolgen, muss sie sofort unterbrechen und korrigieren.

Nachbesprechung

Inhalte
- Das Gefühl von Fallen und Gehalten-Werden
- Verteilung von Verantwortung und Aufgaben innerhalb der Gruppe
- Vertrauen muss aktiv hergestellt werden.
- Vertrauen geben und Vertrauen haben sind zwei Seiten der gleichen Medaille.

Methoden

- Jeweils zwei Teilnehmerinnen unterhalten sich zunächst über ihre Eindrücke und berichten dann in der Gruppe.
- Vor der Durchführung werden die Teilnehmerinnen nach ihrem „Stimmungsbarometer" (von 1 bis 10) befragt; nach der Durchführung wird erneut ein „Stimmungsbarometer" abgefragt und mit der vorherigen Einschätzung verglichen.
- Die Gruppe visualisiert auf einem großen Blatt Papier diejenigen Faktoren, die nach ihrer Erfahrung und ihrem Erleben Vertrauen fördern.

Problemlösungsaufgaben

Problemlösungsaufgaben für komplexe Fragestellungen

Methodisch schließen sich Problemlösungaufgaben an die Initiativübungen an. Wurden zunächst Möglichkeiten gegeben, erste handlungsorientierte Erfahrungen zu machen, bieten Problemlösungsaufgaben komplexere Fragestellungen, die meist nicht vom Einzelnen gelöst werden können und intensive Reflexions- und Transferarbeit mit der Gruppe notwendig machen. Die Auswahl beinhaltet neben eher unbekannten Übungen auch „Klassiker". Die Aufgaben können je nach Setting und Zielsetzung gut in einer aufbauenden Reihe in das Trainingsgeschehen integriert werden; sie sind zumeist outdoors wie indoors durchführbar.

Kleiner Zaun

Der *Kleine Zaun* ist die Variante einer Problemlösungsaufgabe, die in der Literatur üblicherweise mit dem Begriff „Elektrischer Draht" bezeichnet wird. Dieser Begriff erscheint überholt und nicht sinnvoll, daher die Bezeichnung Kleiner Zaun. Der *Kleine Zaun* erfordert wenig Material und ist mit geringer Vorbereitung durchführbar.

Beschreibung

Zwischen zwei Fixpunkten (Bäumen, Pfosten) wird ein Seil gespannt. Die Höhe des Seils variiert nach der Schwierigkeit der Aufgabenstellung: der größte Teilnehmer sollte es nicht übersteigen können.

Gelände – Ort

Der Untergrund muss eben und weich sein, da der Letzte den Zaun vermutlich überspringen wird. Es darf kein Gelände sein, in dem man ausrutschen kann (nasse, abschüssige Wiese) bzw. Sprunggelenksverletzungen möglich sind.

Sicherheit

Entscheidender Punkt ist: Wie kommen Erster und Letzter über den Zaun? Mögliche Sprünge müssen sicher durchgeführt werden können. Der Trainer muss für sicheren Untergrund bzw. Umgebung sorgen und das Einschätzungsvermögen haben, ob die entsprechenden Teilnehmer sich dies zutrauen können.

Materialien

Ein Seil (ca. 10 bis 15 m Länge)

Aufgabenstellung

Die gesamte Gruppe muss das Hindernis, den Kleinen Zaun, überwinden. Während der Aktion darf das Seil von niemandem berührt werden, andernfalls muss die gesamte Gruppe neu beginnen.

Varianten zur Aufgabenstellung

- Es darf nur während einer vorgegebenen Planungszeit gesprochen werden.
- Es darf überhaupt nicht gesprochen werden.
- Das Seil wird verhältnismäßig hoch gespannt, so dass die Überwindung schwieriger ist und Berührungen durch die Gruppe bei der Problemlösung absehbar sind. Jetzt kann die Gruppe im Rahmen ihrer Selbsteinschätzung eine Anzahl der tolerierten Berührungen selbst bestimmen. Der Trainer sollte darauf hinwirken, dass diese Selbsteinschätzung realistisch bleibt.

Interventionen während der Durchführung

Sicherheits- oder Hilfestellung bei Sprüngen erfolgt durch den Trainer. Gegebenenfalls weist er darauf hin, dass eine andere, sichere Lösung gesucht werden muss.

Nachbesprechung

Inhalte
- Ablauf des Problemlösungsprozesses: Wurden alle Teilnehmer ihren individuellen Stärken entsprechend eingesetzt?
- Welche sozialen und kommunikativen Kompetenzen sind hilfreich?
- Wie sieht die Gruppe ihre Selbsteinschätzung?

Methoden
- Spezielle Inhalte werden analog zu den Phasen des Problemlösungsprozesses, in denen diese stattfanden, diskutiert.
- Schriftliche Selbsteinschätzung vor Beginn, die anschließend diskutiert wird.

Spinnennetz

Das *Spinnennetz* ist eine universelle und komplexe Problemlösungsaufgabe, die sich durch eine große Variabilität in der Aufgabenstellung auszeichnet. Es lässt sich in verschiedenen Gruppenphasen einsetzen: In der Anfangssituation können erste Kooperationsprozesse und Kommunikation in einer Gruppe entwickelt werden, eine bereits funktionierende Gruppe kann ihre Problemlösungsfähigkeit und die Qualität ihrer Arbeit überprüfen und demonstrieren.

Beschreibung Zwischen zwei Fixpunkten wird aus mehreren Seilen ein Spinnennetz geknüpft. Die Anzahl der Löcher im Netz entspricht der Anzahl der Teilnehmer. Bei einer Gruppengröße von 10 bis 12 Teilnehmern ist ein Seil von mindestens 30 m Länge (abhängig vom Abstand der Fixpunkte) notwendig. Mit Reepschnüren können einzelne Löcher verkleinert werden; die Farbenvielfalt erhöht den Aufforderungscharakter der Übung. *Hinweis: Wenn die Fixpunkte einen großen Umfang haben, lässt sich das Spinnennetz dreidimensional konstruieren. Dies erhöht den Erlebniswert und die Schwierigkeit bei der Durchführung.*

Gelände – Ort Der Untergrund des Geländes soll auf der Start- und Ankunftsseite eben und hindernisfrei sein. Meist wird das Spinnennetz zwischen Bäumen aufgebaut. Dabei ist zu beachten, dass von der Seite keine Äste in das Spielgeschehen hineinragen.

Sicherheit Es ist nicht gestattet, durch einzelne Löcher zu hechten. Der Trainer achtet darauf, dass die Gruppe während der gesamten Durchführung mit der Aufmerksamkeit bei den einzelnen Teilnehmern ist, damit während oder nach dem Durchreichen niemand fallen oder zu schnell herab gelassen wird.

Materialien Seil, Reepschnüre, Augenbinde

Aufgabenstellung Alle Teilnehmer müssen nacheinander durch das Spinnennetz auf die andere Seite. Das Netz darf dabei nicht berührt werden. Jedes Loch darf nur einmal verwendet werden. Teilnehmer dürfen auf ihrer jeweiligen Seite helfen, allerdings ohne dabei das Spinnennetz zu berühren oder durch die Löcher zu greifen.

Varianten zur Aufgabenstellung

- Die Gruppe bekommt eine vorgegebene Planungszeit, anschließend darf nicht mehr gesprochen werden.
- Es darf während der Planungszeit und der Durchführung nicht gesprochen werden.
- Hat ein Teilnehmer das Netz berührt, darf dieses Körperteil nicht mehr bewegt werden.
- Hat ein Teilnehmer das Netz berührt, verliert er eine Eigenschaft, z. B. sprechen oder sehen.
- Wird das Netz von einem Teilnehmer berührt, muss die Gruppe neu beginnen.

Interventionen während der Durchführung

Der Trainer greift ein, wenn die Sicherheit der Teilnehmer und die Ernsthaftigkeit des Aufgabe nicht (mehr) gewährleistet sind.

Nachbesprechung

Inhalte

- Ablauf des Planungsprozesses und der Durchführung
- Gleichberechtigte Beteiligung aller Teilnehmer an Planung und Durchführung
- Phantasie und Kreativität bei der Lösung der Aufgabe
- Bereitschaft, Verantwortung zu übernehmen
- Ernsthaftigkeit und Bereitschaft, sich im Rahmen von gesetzten Regeln an eine komplexe Aufgabenstellung heranzuwagen
- Die Aufgabe erfordert die Kreativität und den Einsatz jedes einzelnen, ist jedoch alleine nicht zu lösen.

Methoden

- Blitzlicht
- Kleingruppendiskussionen zu bestimmten Themen, z. B. wie ist der Planungsprozess abgelaufen? Anschließend gemeinsame Auswertung in der Gruppe
- Selbsteinschätzung der Gruppe, wie sie das Problem gelöst hat

Seilquadrat

Das *Seilquadrat* ist die Bezeichnung für ein Spektrum ähnlicher Übungen, bei denen die Kernaufgabe die gleiche ist: Es geht darum, aus einem Seil mit verbundenen Augen eine (oder mehrere) geometrische Form(en) zu bilden. Zielsetzung dieser Problemlösungsaufgabe ist jedoch nicht die Schulung mathematischen Verständnisses, vielmehr sollen die Abläufe von Teamarbeit, Kommunikation und Kooperation deutlich werden.

Beschreibung

Die Gruppe befindet sich auf einer größeren freien Fläche. Nachdem die Teilnehmer sich die Augen verbunden haben, wird ihnen die Aufgabenstellung mitgeteilt: Aus dem bereitgelegten Seil ist ein Quadrat zu formen und auf dem Boden abzulegen. Erst wenn die Gruppe mit ihrer Aufgabe fertig ist, können alle die Augen öffnen und das Ergebnis betrachten.

Gelände – Ort

Für das *Seilquadrat* ist eine größere ebene Fläche notwendig.

Sicherheit

Der Trainer muss dafür sorgen, dass die Teilnehmer nicht an Gegenstände stoßen oder in gefährliches Gelände laufen, insbesondere, wenn das Seil zum Ausmessen der Länge zum ersten Mal gespannt wird.

Materialien

Ein Seil, ca. 30–50 m lang (die Länge hängt auch von der zur Verfügung stehenden Fläche ab; je länger das Seil ist, desto schwieriger wird die Kommunikation); Augenbinden.

Aufgabenstellung

Nachdem sich die Teilnehmer die Augen verbunden haben, müssen sie unter Verwendung des gesamten Seils ein Quadrat, d. h. mit vier gleichlangen Seiten und vier rechten Winkeln, bilden und auf dem Boden ablegen.

Varianten zur Aufgabenstellung

- Die Gruppe bekommt ein Zeitlimit zur Planung und Durchführung der Aufgabe.
- Statt einem müssen (aus zwei Seilen) zwei Quadrate gelegt werden, die ineinander oder als Stern übereinander gelegt werden.
- Es muss ein gleichseitiges Dreieck oder ein Achteck (Stop-Schild) gelegt werden.
- Nach einer vorgegebenen Planungszeit darf nicht mehr gesprochen werden.

Interventionen während der Durchführung

Nur wenn die Sicherheit der Teilnehmer oder die Ernsthaftigkeit der Aufgabe nicht (mehr) gewährleistet ist, greift der Trainer ein.

Nachbesprechung

Inhalte

- Ablauf des Planungsprozesses und der Durchführung
- Rollen der einzelnen Teilnehmer bei dieser Aufgabe
- Das Verhältnis Aufwand – Ergebnis: Mit relativ geringem Aufwand kann ein Viereck gelegt werden; um ein annähernd perfektes Quadrat zu legen, ist sehr großer Aufwand und exaktes Arbeiten notwendig.
- Kreativität und Phantasie im Team
- Selbsteinschätzung – Fremdeinschätzung

Methoden

- Blitzlicht
- Strukturiertes Gespräch zu den einzelnen Phasen (Ideenfindung, Planung, Durchführung, Erfolgskontrolle) der Aufgabe in Kleingruppen
- Bericht eines Beobachters mit anschließender Diskussion
- Bogen mit Selbsteinschätzung und Fremdschätzung zur Rolle jedes Teilnehmers bei dieser Übung

Irrgarten

Irrgarten ist eine Problemlösungsaufgabe, die wenig Anforderungen an Gelände und Material stellt, aber von der Gruppe Kreativität in der Planungsphase und konsequente, geduldige Zusammenarbeit in der Durchführung verlangt.

Beschreibung

Wie bei jedem Labyrinth gilt es auch beim Irrgarten, den richtigen Weg durch eine aus vielen Einzelfeldern bestehende Fläche zu finden. Dazu muss die Gruppe mittels „try and error“ sichere von verbotenen Feldern unterscheiden und den Weg auf den sicheren Feldern zurücklegen. Der Trainer überwacht die Schritte im Irrgarten und macht Tritte auf verbotene Felder mittels Pfiff deutlich. Die Motivation zu dieser Aufgabe wird unterstützt durch einen Gewinn, der allerdings von der Anzahl (vermeidbarer) Fehler abhängig ist.

Gelände – Ort

Für den Irrgarten ist eine halbwegs ebene Fläche notwendig. Diese muss auch neben dem Irrgarten noch genügend Platz für die Teilnehmer bieten. Die einzelnen Felder des Irrgartens müssen so groß sein, dass die Teilnehmer darin stehen können.

Sicherheit

Für diese Aufgabe sind keine besonderen Vorkehrungen notwendig.

Materialien

Seile und Reepschnüre zum Auslegen des Irrgartens (falls die Übung auf einer geteerten Fläche durchgeführt wird, kann der Irrgarten auch mit Kreide aufgezeichnet werden); Trillerpfeife; „Gewinn" (z. B. 10 Duplo).

Der Gruppe werden die folgenden Regeln mitgeteilt:

- Auf die Gruppe wartet am Ende des Irrgartens ein Gewinn von ... (z. B. 10 Duplo).
- Es gibt nur einen einzigen sicheren Weg durch den Irrgarten.
- Es darf jeweils nur eine Person im Irrgarten sein.
- Es muss jeder den kompletten Weg durch den Irrgarten zurücklegen.
- Es muss eine Reihenfolge, in der die einzelnen Personen durch den Irrgarten gehen, festgelegt und beibehalten werden.
- Es dürfen nur benachbarte Felder betreten werden: vorwärts, rückwärts, seitwärts oder diagonal. Es dürfen keine Felder übersprungen werden.
- Tritt eine Person auf ein „verbotenes" Feld, ertönt ein Pfiff und sie muss den Irrgarten auf dem gleichen Weg, auf dem sie ihn betreten hat, wieder verlassen. Anschließend kann die nächste Person starten.
- Wird ein „verbotenes" Feld zum ersten Mal betreten, ist hierfür keine Strafgebühr zu bezahlen. Jeder weitere Fehltritt auf das gleiche Feld kostet eine Strafgebühr von ... (z. B. 1 Duplo).
- Die gleiche Strafgebühr wird fällig, wenn nach einem Fehltritt der Irrgarten nicht auf dem ursprünglichen Weg verlassen wird.
- Am Anfang hat die Gruppe max. 15 Minuten Planungszeit. Weitere Planungszeit kann zum Preis von ... (z. B. 1 Duplo) pro Minute gekauft werden.
- Nach Ablauf der Planungszeit und mit dem Start der ersten Person ist es verboten, zu sprechen oder irgendwelche Geräusche zu machen.
- Es ist verboten, Felder zu markieren, etwas aufzuschreiben, den Irrgarten oder die sich im Irrgarten befindende Person zu berühren.

- Für einen Fehler des Schiedsrichters erhält die Gruppe ... (z. B. 2 Duplo).

Aufgabenstellung

Nach einer kurzen Gelegenheit für Rückfragen beginnt die Planungszeit. Die Übung endet, wenn alle Teilnehmer den Weg durch den Irrgarten hinter sich gebracht haben. Hinweis: Diese Problemlösungsaufgabe eignet sich sehr gut für ein isomorphes Setting. Dem Arbeits- oder Lebensbereich der jeweiligen Gruppe entsprechend, werden der Weg durch den Irrgarten sowie die Fehler und Konsequenzen definiert und bezeichnet.

Varianten zur Aufgabenstellung

- Die Gruppe bekommt auch für die Durchführung ein Zeitlimit.
- Die Teilnehmer dürfen während der ganzen Zeit sprechen, allerdings bekommen zwei Teilnehmer die Augen verbunden.
- Es gibt keinen Gewinn, die Gruppe schätzt vor dem Start der Planungsphase, wie viele „Strafgebühren" sie zahlen müsste.

Interventionen während der Durchführung

Der Trainer hat die Aufgabe des Schiedsrichters und gewährleistet die Einhaltung der Regeln.

Nachbesprechung

Inhalte
- Ablauf des Planungsprozesses und der Durchführung
- Kommunikation unter erschwerten Bedingungen
- Hilfen geben – Unterstützung annehmen
- „Von außen weiß ich immer wo es lang geht; wenn ich dann selbst beteiligt bin, sehen alle Felder gleich aus"
- Geduld versus Zeitmanagement
- Qualität und Qualitätssicherung

Methoden
- Blitzlicht
- Zweier- oder Kleingruppengespräch zum isomorphen Setting
- Erarbeitung eines Flipcharts oder einer Collage zum Thema Hilfe nehmen – Hilfe geben (in Kleingruppen oder in der Gesamtgruppe)
- Feedback-Runde

Hinweis

Es empfiehlt sich für den Trainer, sich mit einem Stift auf der Irrgarten-Vorlage die einzelnen „Fehltritte“ zu markieren. Dadurch weiß er zum einen, ob ein Feld zum zweiten (oder dritten, vierten, ...) Mal verbotenerweise betreten wurde und mit einer Strafgebühr belegt werden muss, zum anderen kann diese Vorlage in die Auswertung der Aufgabe einbezogen werden, insbesondere beim Thema Qualität.

Beispiele für Irrgärten mit den erlaubten Wegen:

Für Gruppen mit 5–10 Teilnehmern

Ziel

			X		
	X	X			
X					
X			X	X	
X		X			X
	X			X	
					X

Start

Für Gruppen mit 9–15 Teilnehmern

Ziel

							X	
								X
						X	X	
					X			
				X				
		X	X					
	X							
X					X	X		
X				X			X	
X			X					X
	X	X				X	X	
					X			

Start

Doppelter Verkehrsstau

Planung und Kreativität sind gefordert

Beim *Doppelten Verkehrsstau* lösen zunächst zwei Gruppen getrennt das gleiche Problem, das dann gemeinsam unter veränderten Bedingungen noch einmal durch die gesamte Gruppe durchgeführt wird. Je nach Aufgabenstellung dürfen die Gruppen erst bei der Zusammenführung miteinander in Kontakt treten. Der *Doppelte Verkehrsstau* ist insofern eine interessante Aufgabe, als er neben Planung, präziser Wahrnehmung der Abläufe und Kreativität nahelegt, intuitiv zu handeln. Erfahrungsgemäß kommt die Gruppe schneller auf den Lösungsweg, wenn sie ihn ohne Planung sucht. Allerdings besteht dann das Problem, dass sie die Aufgabe (noch) nicht ein zweitesmal durchführen kann. Daher lässt sich die Aufgabenstellung sinnvoll in zwei Teilen formulieren, dass die Lösung zunächst auf dem intuitiven Weg gefunden wird und dann mit System durchgeführt wird und jederzeit wiederholbar ist. Geduld, Zuhören, Überblick und Spontanität sind wesentliche Eigenschaften beim *Doppelten Verkehrsstau.*

Auf einer möglichst ebenen Fläche werden Bodenmarkierungen in Form von Quadraten oder Kreisen in einer Reihe hintereinander aufgelegt. Wichtig ist, dass die Teilnehmer in diesen Markierungen bequem stehen können. Je nach Gruppengröße besteht jede Reihe aus 7 oder 9 Markierungsfeldern, je Reihe sind 6 bzw. 8 Teilnehmer (unbedingt gerade Anzahl!) beteiligt, die sich folgendermaßen aufstellen (es wird hier von 8 Teilnehmern ausgegangen): Die Teilnehmer stehen jeweils einzeln in den Markierungspunkten, wobei sich jeweils 4 gegenüberstehen. Das mittlere Feld von den 9 Feldern bleibt frei. Die linken 4 müssen nun mit den rechten 4 den Platz tauschen. Am Ende müssen die jeweils 4 von der linken Seite in der gleichen Reihenfolge auf der gegenüberliegenden Seite ihren Platz gefunden haben; ebenso die Teilnehmer von der rechten Seite dieser Reihe. Dabei sind folgende Regeln zu beachten:

- Es darf nicht rückwärts gegangen werden.
- Es darf ein Feld nach vorne gegangen werden, wenn dieses frei ist.
- Es darf ein Feld, wenn es von einer Person besetzt ist, nach vorne übersprungen werden, vorausgesetzt, das übernächste Feld ist frei.

Beschreibung

Ebenso stellen sich die Teilnehmer von Reihe 2 auf und versuchen, das Problem mit den gleichen Regeln zu lösen. Haben es beide Gruppen, unabhängig voneinander, geschafft, wird Reihe 2 senkrecht auf Reihe 1 gelegt, so dass ein Koordinatenkreuz entsteht. Dabei decken sich die mittleren Felder, die am Anfang des Spieles frei geblieben sind, so dass nur noch ein Feld in diesem Koordinatenkreuz („Null-Punkt") frei ist. Beide Gruppen stellen sich wieder wie vorher in Ausgangsstellung auf, wobei die Teilnehmer der Reihe 2 nun senkrecht zur Reihe 1 stehen. Die endgültige Aufgabenlösung liegt darin, dass wiederum die beiden sich gegenüberstehenden Gruppen, nach den gleichen Regeln, ihre Plätze tauschen. Bedingung allerdings ist, dass alle 4 Gruppen gleichzeitig beteiligt sind: also nicht zuerst die Gruppe von der Reihe 1 ihre Plätze tauscht und dann die Gruppe von der Reihe 2, sondern wechselweise die Teilnehmer von Reihe 1 und Reihe 2 in Aktion sind.

Gelände – Ort

Nahezu jedes flache Gelände, in dem sich die Markierungen sinnvoll anbringen lassen, ist möglich. Dazu eignet sich auf

Teer Kreide, auf Wiesen im Kreis gelegte Schnüre. Wird die Aufgabe in einem geschlossenen Raum durchgeführt, eignen sich Blätter von mindestens DIN A3-Größe, die mit Klebeband am Boden fixiert sind.

Sicherheit

Das Lösen dieser Aufgabe birgt in aller Regel keine objektiven Gefahren. Auch wenn es zunächst unwahrscheinlich erscheint, sind je nach Charakter der Gruppe und Art der Aufgabenstellung Ehrgeiz, Stress und Gruppendruck nicht auszuschließen. Hier muss der Trainer sehr wachsam sein.

Materialien

7 oder 9 Schlingen (pro Reihe) von 3–4 m Länge oder große Papierbögen, Kreppband, Kreide.

Aufgabenstellung

Die Teilnehmer stehen sich in den beiden Reihen jeweils so gegenüber, dass das mittlere Feld frei bleibt. Sie müssen nun nach den oben beschriebenen Regeln ihre Plätze von der einen auf die andere Seite tauschen, wobei am Ende die Teilnehmer auf der neuen Seite in der gleichen Reihenfolge wie am Anfang stehen müssen. Die Aufgabe gilt als gelöst, wenn beide Reihen im Koordinatenkreuz miteinander den Platztausch durchgeführt haben.

Varianten zur Aufgabenstellung

- Die Anzahl der Versuche zur (Gesamt-)Lösung wird festgelegt. Die Reihen dürfen keinen Kontakt (optisch, akkustisch) miteinander haben.
- Die Teilnehmer der Reihe 1 dürfen miteinander sprechen, die Teilnehmer der Reihe 2 nicht.
- Beide Gruppen beider Reihen dürfen nicht miteinander sprechen, sondern müssen die Aufgabe vollständig nonverbal lösen.
- Sollte die Gruppengröße mehr als 12 oder 16 Teilnehmer umfassen, können Teilnehmer mit Sonderaufgaben ausgestattet werden: Ein Kontakt zwischen den beiden Reihen ist nur durch diese Teilnehmer möglich. Jeweils ein außenstehender Teilnehmer beobachtet je Reihe den Ablauf des Problemlösungsprozesses und zählt die Anzahl der Versuche. Jede Reihe hat einen „Dirigenten", der das Vorgehen bei der Problemlösung koordiniert. Die Beteiligten der jeweiligen Reihen folgen den Anweisungen des „Dirigenten". Der „Dirigent" wird nach jedem Versuch durch ein anderes Mitglied der Reihe ersetzt.

Interventionen während der Durchführung

Soweit der Stresspegel innerhalb der Gruppen nicht zu hoch ist, gibt es keinen Grund einzugreifen. Wichtig ist, dass der Trainer am Anfang klärt, ob Aufgabenstellung und Regeln genau verstanden worden sind.

Nachbesprechung

- **Inhalte**
  - Art und Ablauf des Problemlösungsprozesses innerhalb der Teams der beiden Reihen
  - Welche Strategien der Problemlösung lassen sich erkennen?
  - Welche Rollen innerhalb der einzelnen Gruppen waren erkennbar?
  - Wie lief die Kommunikation ab, als die gesamte Gruppe mit den gekreuzten Reihen das Problem lösen musste?
  - Wurde das gemeinsame Ziel erkannt und als Gesamtgruppe umgesetzt?
  - Sind Stress oder Ungeduld während der Problemlösung aufgetreten?

- **Methoden**
  - Zunächst reflektieren die Teilnehmer von Reihe 1 und Reihe 2 in ihrer Gruppe den Ablauf der Problemlösung.
  - Beobachter berichten von ihrer Wahrnehmung des Gruppenprozesses.
  - Wie haben die Teilnehmer der einen Reihe die Teilnehmer der anderen im Rahmen der Lösung für die Gesamtgruppe erlebt?
  - Wie war die Selbsteinschätzung hinsichtlich der Problemlösung nach der Erklärung der Aufgabenstellung durch den Trainer und wie sah die Realität danach aus?

I	II	III	IV	V	VI	VII	VIII	IX

Lösung für eine Reihe

VI nach V ■ IV nach VI ■ III nach IV ■ V nach III ■ VII nach V ■ VIII nach VII ■ VI nach VIII ■ IV nach VI ■ II nach IV ■ I nachII ■ III nach I ■ V nach III ■ VII nach V ■ IX nach VII ■ VIII nach IX ■ VI nach VIII ■ IV nach VI ■ II nach IV ■ III nach II ■ V nach III ■ VII nach V ■ VI nach VII ■ IV nach VI ■ V nach IV

Moorpfad

Moorpfad

In einem Märchen von Hans Christian Andersen benutzt ein Mädchen einen Laib Brot als Trittfläche, um eine Schlammpfütze trockenen und vor allem sauberen Fußes zu überqueren. Die Übung *Moorpfad* hat einen ähnlichen Rahmen. Allerdings werden zur Überwindung des unangenehmen Hindernisses, hier eines imaginären Moores, keine Brote, sondern Teppichfliesen oder Holzbrettchen benutzt – und nicht der Schutz der neuen Schuhe ist das Ziel dieser Aufgabe, sondern die Verbesserung von Planung und Zusammenarbeit. Aufgrund der geringen äußeren Anforderungen läßt diese Übung sehr viele erleichternde wie erschwerende Varianten zu.

Beschreibung

Ein durch zwei Linien markiertes, etwa 15 m langes Feld (*Moor*) muss von der Gruppe überquert werden. Als Hilfsmittel stehen hierfür Holzbrettchen oder Teppichfliesen zur Verfügung.

Gelände – Ort

Diese Übung kann überall durchgeführt werden, auch in einem großen Raum. Es ist vorteilhaft, wenn der Untergrund ein Weiterschieben der Brettchen oder Teppichfliesen verhindert.

Sicherheit

Für diese Aufgabe sind keine besonderen Vorkehrungen notwendig.

Materialien

- Teppichfliesen oder Holzbrettchen, max. Größe 30 x 25 cm (zwei Füße sollten gerade Platz haben), höchstens 1–2 mehr als Teilnehmer.
- Zwei Reepschnüre oder Seile, um die Ufer des Moors zu markieren
- evtl. Augenbinden

Aufgabenstellung

Die Gruppe soll das Moor überqueren, ohne es zu berühren, und darf dazu lediglich die zur Verfügung stehenden Hilfsmittel verwenden. Die Brettchen dürfen nicht einfach mit dem Fuß weitergeschoben werden und müssen im Moor permanent berührt werden, da sie sonst versinken (d.h. vom Trainer weggenommen werden). Berührt einer der Teilnehmer das Moor, „verliert" er diesen Arm oder Fuß, er darf ihn im weiteren Verlauf nicht mehr einsetzen.

Varianten zur Aufgabenstellung

- Die Brettchen müssen vollzählig auf die andere Seite des Moors mitgenommen werden.
- Es darf während der gesamten Übung nicht gesprochen werden.
- Einigen Teilnehmern werden die Augen verbunden.
- Die Gruppe bekommt ein Zeitlimit für die Überquerung des Moors.
- Berührt einer der Teilnehmer das Moor, muss die Gruppe mit den zu diesem Zeitpunkt zur Verfügung stehenden Brettchen von vorne beginnen.
- Die Anzahl der Brettchen wird vor Beginn der Übung erhöht.
- Die Teilnehmer werden vom Trainer bereits im Moor auf ihren Brettchen positioniert und müssen aus dieser Ausgangsstellung heraus alle zur anderen Seite des Moors gelangen.

Interventionen während der Durchführung

Der Trainer muss bei dieser Übung die Schiedsrichterfunktion einnehmen: Brettchen, die „versinken", sofort aus dem Geschehen nehmen, Berührungen feststellen und die entsprechenden Konsequenzen umsetzen.

Nachbesprechung

Inhalte
- Kreativität und Phantasie bei der Lösungsfindung
- Planung versus Aktionismus
- Sorgsamkeit bei der Durchführung
- Zusammenarbeit und Verlässlichkeit
- Verantwortung für die gemeinsame Lösung

Methoden
- Blitzlicht
- Gruppengespräch (in der Gesamtgruppe oder Kleingruppen) zu einzelnen Themen
- Bericht eines Beobachters mit anschließender Diskussion

Alpine Aktivitäten

Das vielfältige Spektrum der alpinen Aktivitäten bietet zahlreiche Möglichkeiten für erlebnispädagogische Handlungsfelder mit Gruppen. Besonders wichtig ist hier die spezielle Qualifikation der Trainerin im jeweiligen Bereich. Die beschriebenen Aktivitäten stellen eine Auswahl dar und sollen nicht voneinander getrennt gesehen werden, sondern im Trainingskontext miteinander verwoben werden, aufeinander aufbauen und sich ergänzen.

Bergtour

> *„Wie unsere Sprache die Widerspiegelung unserer Welt ist, ist unser Tun die Widerspiegelung unserer Seele."*
> Reinhold Messner

Die Aktivität *Bergtour* soll im erlebnispädagogischen Kontext als das Unterwegssein in alpinem Gelände verstanden werden: Touren mit hoher Intensität sowie körperlicher und seelischer Anforderung. Bergsteigen ermöglicht die Zusammenführung von Kontemplation, intensivem Naturerleben (Jahreszeit, Witterung, Tagesverlauf) und körperlicher Anstrengung mit der Möglichkeit, ein Gefühl für die unendliche Dimension und Schönheit des Unterwegsseins zu erfahren. Die momentane alpine Fachdiskussion ist geprägt durch das Extreme: Nachdem inzwischen annähernd alle Berge der Welt in nahezu jeder erdenklichen Schwierigkeit erstiegen worden sind, geht die Tendenz zur Aneinanderreihung von Höchstleistungen, Gipfeln und Höhenmetern.

Im Gegensatz dazu steht das erlebnispädagogische Verständnis einer Bergtour. Sicherlich werden schwierige Passagen oder Gipfelanstiege zu meistern sein, aber im Vordergrund stehen Aufbruch, Unterwegssein, Intensität. Vielleicht ist eine erlebnispädagogische Bergtour gerade deswegen besonders anspruchsvoll, da kaum Rahmenbedingungen durch die Aktivität selbst gegeben sind. Sie entwickelt sich vielmehr im Unterwegssein. Dieses Unterwegssein auf einer Bergtour ist die „philosophische" Gruppenaktivität der Erlebnispädagogik, die den größten Spielraum für individuelle Akzente lässt. Hier bekommt ein Ausspruch von Ulf Händel seinen Raum: „Es ist die Aufgabe der Erlebnispädagogik, dem Leben das Geheimnis, das in der Moderne zu verschwinden droht, wieder zurückzugeben" (Händel 1998, 8). Die Verbindung von Naturerleben, Körpererfahrung durch die Bewältigung des Aufstieges und das Erreichen eines Zieles ermöglicht die Spannung zwischen Handeln, Ratio und Erlebnis als Ausdruck unseres Selbst aufzubauen.

Beschreibung

Bergsteigen ist in unterschiedlichen Spielarten möglich – als Tagestour, Gebietsdurchquerung oder Tourenwoche mit festem Stützpunkt. Bei der Beschreibung soll vom Unterwegssein am Tag ausgegangen werden, unabhängig, ob es sich dabei um einen oder mehrere Tage handelt und welche Form der Übernachtung gewählt wird. Eine erlebnispädagogischen Bergtour fordert von der Trainerin eine Balance zwischen Loslassen und Festhalten: Solange sich die Gruppe in ungefährlichem Gelände bewegt, sollte sie selbständig unterwegs sein. Dies impliziert, dass die Gruppe auch die Planung und Vorbereitung so weit als möglich selbst vorgenommen hat. Trotzdem bleibt die Verantwortung bei der Trainerin, sie muss so engen Kontakt zu den Teilnehmerinnen haben, dass sie in Gefahrensituationen schnell eingreifen kann.

Gelände – Ort

Entscheidendes Kriterium für die Geländewahl ist die Möglichkeit, dass die Gruppe größtenteils selbstverantwortlich unterwegs sein kann. Handelt es sich um alpin schwieriges Gelände, muss es durch die Trainerinnen abgesichert werden können. Es ist möglich, der Gruppe anhand der Karte bestimmte Punkte vorzugeben, die sie selbständig erreichen sollen. Je nach Wahl des Geländes ist es sinnvoll, der Gruppe bei der Vorbereitung Hinweise zu geben (z. B. Karst, Flora). In bestimmten Phasen der Tour können Beobachtungsaufgaben eingebaut werden, die anschließend oder am Abend ausgewertet werden.

Sicherheit

- Vermeiden von objektiven Gefahren (Fels- und Eisschlag, Absturzgefahr) durch entsprechende Geländewahl

- Bergtouren mit passender Ausrüstung: knöchelhohe Bergstiefel mit Profilsohle, wetterfeste Kleidung, eventuell Stöcke
- Planung der Tour mit genügend zeitlichen „Reserven", ohne die Teilnehmerinnen physisch zu überfordern

Material/ Ausrüstung

a) Jede Teilnehmerin
- Bergstiefel mit Profilsohle
- Kleidung für warme und kalte Witterung
- Sonnenschutz (Sonnencreme, -hut, -brille)
- Wechselwäsche
- Regenschutz und windabweisende Kleidung

b) Die ganze Gruppe
- bei Tagestouren 1 Biwaksack; bei Mehrtagestouren jeweils einen Biwaksack für zwei Personen)
- Karte und Kompass
- Gruppenseil

c) Trainerin
- persönliche Erste Hilfe-Ausrüstung
- Biwaksack
- eigene Karte
- Kompass und Höhenmesser
- Information über aktuelle und zu erwartende Wetterlage (Transistorradio)
- Funkgerät oder Handy
- kleiner „Notproviant" (z. B. Müsliriegel) für Notfallsituationen

Durchführung der Aktion

a) Vorbereitung / Vorwissen
- Informationen über Länge, Gelände und Schwierigkeit der Tour
- spezifische Planungsaufgaben
- Zusatzinformationen können je nach Geländesituation gegeben werden, die dann vor Ort bearbeitet werden (z. B. Wie erkenne ich Dolinen auf der Karte und finde ich sie im Gelände? Wie entstehen Dolinen?).
- besondere geographische Merkmale (z. B. Moränen)

b) Vorbereitung vor Ort
- Ausrüstungscheck
- abklären, wer als erste die Führung übernimmt

c) Ablauf der Aktion
- Je nach Planung der Tour führen stets die gleichen oder wechselweise alle Teilnehmerinnen; an bestimmten Stellen kann eine Führung durch die Trainerin notwendig sein.
- bestimmte Übungen oder Aufgaben integrieren, z. B. die Schrittfrequenz mit der Atmung koordinieren, möglichst leise auftreten
- Die Intensität des Erlebnisses steht vor Entfernung und Höhenmetern. Der Fokus sollte auf der individuellen Erlebnisfähigkeit und dem gemeinsamen Unterwegssein der Gruppe und weniger auf dem Erreichen des alpinistischen Ziels liegen.

d) Beendigung der Aktion
- mit der Rückkehr in den Talort bzw. dem Erreichen der Hütte oder des Übernachtungsplatzes (Biwak)
- Vor der Nachbereitung sollen die Teilnehmerinnen sich warme, trockene Kleidung anziehen, um ein Auskühlen zu verhindern.

Intervention während der Durchführung

Aus Gründen der Sicherheit müssen die Trainerinnen dafür sorgen, dass sich die Gruppe stets sicher im alpinen Gelände bewegt. Sind bestimmte Passagen z. B. am Fixseil oder Seilgeländer zu bewältigen, muss dies in der Planung berücksichtigt werden und die entsprechende Ausrüstung mitgenommen werden. Im Prozess der Gruppendynamik müssen sie darauf achten, dass das Tempo nicht zu schnell wird, sich die Gruppe nicht vereinzelt, das konditionelle Leistungsniveau nicht überschritten wird und das Erreichen des Ziels oder die Rückkehr stets möglich ist.

Mögliche „Krisen“

- Ungewohnte körperliche oder psychische Belastungen werden in Form von Stress in der Gruppe kompensiert.
- Die Gruppe droht sich aufgrund von Gruppenprozessen oder unterschiedlicher körperlicher Leistungsfähigkeit zu spalten.

Nachbesprechung

Inhalte
- individuelle Erlebnisse
- Führen und Geführt werden
- Umgang mit unterschiedlichen Leistungen
- „Körper und Geist in Bewegung“

- Welche Gruppenprozesse haben sich entwickelt? Wie sind sie entstanden? Wie ist die Gruppe damit umgegangen?
- Individuelle Wahrnehmung von Prozessen in der Gruppe
- Naturerfahrung

Methoden

- Gruppenbild malen
- Interview einer Partnerin über besondere Ereignisse des Tages / der Tour
- Bestimmte gemeinsame Erfahrungen individuell schildern, um die unterschiedlichen Möglichkeiten von Erlebnisintensitäten und Wahrnehmung transparent zu machen und die Akzeptanz füreinander zu verbessern
- „Spuren“ und „Wege“ als Metaphern für die individuelle Lebenssituation und die derzeitige Gruppenphase

Klettern

So bleiben auch die Schönheit der Berge,
die Freiheit der großen Räume,
die herben Freuden des Kletterns klein und ärmlich
ohne die Seilkameradschaft.

Gaston Rébuffat

Klettern liegt in der Natur des Menschen. Bereits als Kleinkind erkunden wir unsere Umgebung, indem wir uns an Tischen und Bänken hochziehen oder auf Geländer und Schränke klettern. Auf jedem Spielplatz gibt es ein Klettergerüst, an dem kleine und große Kinder herumtoben. Im Erwachsenenalter wird dieses Bedürfnis unterdrückt und in andere Bahnen gelenkt: man klettert auf der Karriereleiter nach oben oder steigt nur bei besonderen Anlässen auf Bänke, Tische und Podeste.

Beim *Klettern* ist zwischen zwei verschiedenen Spielarten zu unterscheiden:

- Beim *Top-Rope-Klettern* läuft das Seil von der Kletternden über eine Umlenkung am Ende der Kletterroute zur am Boden stehenden Sichernden. Im Falle eines Sturzes entsteht bei korrekter Sicherung keine Sturzhöhe, die Kletternde rutscht lediglich durch die Seildehnung etwas nach unten.
- Beim *Vorstiegs-Klettern* läuft das Seil von der Kletternden direkt zur Sichernden, die mögliche Sturzhöhe reduziert die Kletternde durch Zwischensicherungen. Je nach Abstand dieser Zwischensicherungen sind Stürze von mehreren Metern möglich.

Beschreibung

Für das Klettern im Rahmen von erlebnispädagogischen Aktionen hat sich das Top-Rope-Klettern als die geeignetere Form herauskristallisiert, da die Herausforderungen für die Teilnehmerinnen hier bereits sehr groß sind und das (Verletzungs-)Risiko gegenüber dem *Vorstiegs-Klettern* wesentlich geringer ist. Klettern hat sowohl individualistische als auch soziale Komponenten. Ganz persönlich geht es für die Kletternden um Fragen des Könnens und Leistens, um Körperwahrnehmung und Beweglichkeit, um Selbstüberwindung

und Sich-etwas-Zutrauen. Im Wechselspiel zwischen der Kletternden und der Sichernden stehen andere Themen im Vordergrund: Vertrauen und Verantwortung, gegenseitige Rücksichtnahme, Hilfe geben und Hilfe nehmen.

Gelände – Ort

- Felsen in Mittelgebirgen, im Alpenvorland und den Alpen (soweit es keine Kletterbeschränkungen gibt)
- künstliche Kletteranlagen im Freien oder in der Halle

Sicherheit

- Klettern und Sichern nur mit kompletter Ausrüstung: Anseilkombination (Brust- und Hüftgurt oder Kombigurt)
- Helme werden stets während der gesamten Aktion auf dem Kopf getragen.
- Teilnehmer müssen den Umgang mit Seil, Karabiner und Knoten geübt haben sowie mit der Sicherungstechnik vertraut sein.
- Funktionsfähigkeit der Umlenkpunkte muss durch die Trainerin geprüft werden.
- Anzahl der Teilnehmerinnen bzw. Verteilung auf verschiedene Kletterrouten so beschränken, dass die Trainerin die Beaufsichtigung aller Teilnehmerinnen gewährleisten kann.
- kein Klettern an gesperrten Felsen

Material/ Ausrüstung

a) Jede Teilnehmerin

- Kletterhelm, Anseilkombination (entweder Kombigurt oder Brust- und Hüftgurt), Bandschlinge, Schraubkarabiner
- bequeme Kleidung (Jogginghose besser als Jeans; eine lange Hose schützt die Beine vor Kratzern)
- feste Schuhe mit möglichst steifer Sohle

b) Die ganze Gruppe

- Seile (in der Regel ein Seil für drei Teilnehmerinnen), HMS-Karabiner
- mehrere Paar Kletterschuhe in unterschiedlichen Größen, die die Teilnehmerinnen untereinander austauschen können
- evtl. einige Augenbinden

c) Trainerin

- eigenen Helm und Gurt
- Abseilachter
- (HMS-) Karabiner
- (Kurz-)Prusik-Schlingen

Durchführung der Aktion

a) Vorbereitung / Vorwissen
- Anpassen der Klettergurte und Helme, Hängetest
- Knotenkunde (Sackstich, Halbmastwurf)
- Sicherungstechnik

b) Vorbereitung vor Ort
- Anlegen der Klettergurte und Helme, Kontrolle durch die Trainerinnen
- Einrichten der Kletterrouten durch die Trainerinnen

c) Ablauf der Aktion
- Erläuterung der Kletterrouten
- Zusammenfinden der Kleingruppen (jeweils drei Personen)
- Eine Kletternde wird von zwei Teilnehmerinnen gesichert. Dabei bedient die eine die Halbmastwurfsicherung (als Körpersicherung oder an einen Fixpunkt), die andere unterstützt als zusätzliche Absicherung der Bremshand und vergrößert – bei Körpersicherung – das „Bodengewicht“ beim Ablassen der Kletternden.
- Neben dem selbstverständlichen Rollentausch innerhalb der Kleingruppen ist auch ein Routentausch sinnvoll.

d) Beendigung der Aktion
- Das Klettern sollte solange möglich sein, wie die Teilnehmerinnen Herausforderungen und Grenzen spüren und daran arbeiten wollen.
- Alle Teilnehmerinnen bleiben bis zum Ende in der Nähe der Kletterwand.
- Die Aktion endet mit dem Abziehen und Aufschießen der Seile sowie dem Ablegen der Klettergurte und Helme.

Variationen in der Durchführung

- Die Einteilung der Kleingruppen kann durch die Trainerin erfolgen, z. B. unter geschlechtsspezifischen Gesichtspunkten. Dabei sollten die Kriterien, die zu der Einteilung geführt haben, offengelegt werden.
- Als Vorübung ist – je nach Felsen bzw. Kletterwand – Klettern ohne Seilsicherung im Absprungbereich möglich. Hier gibt es sehr viele verschiedene Spielformen.
- Die Kletternde verbindet sich die Augen und klettert nur nach Gespür und den Anweisungen von unten.

Interventionen während der Durchführung

- Kontrolle der Sicherungstechnik
- Einschreiten bei Verstößen gegen die Sicherheitsbestimmungen, ggf. Abbruch der Aktion

- zur Unterstützung einzelner Teilnehmerinnen eventuell Veränderung bzw. Neueinrichtung von Kletterrouten

Mögliche „Krisen“

- Eine Teilnehmerin möchte nicht von einer anderen Teilnehmerin gesichert werden bzw. möchte diese nicht sichern.
- Die psychische Belastung wird für eine Teilnehmerin zu groß.

Nachbesprechung

Inhalte

- bewusste Körperwahrnehmung
- Hilfe nehmen – Hilfe geben
- Vertrauen und Verantwortung
- Umgang mit unterschiedlichen Leistungen
- Gruppenprozesse innerhalb und zwischen den Kleingruppen
- Klettern als Metapher für die eigene Situation (Alltag, Beruf, Schule)

Methoden

- Blitzlicht unmittelbar nach dem Klettern
- Gespräch zunächst in der Kleingruppe, dann in der gesamten Gruppe
- Stimmungsbarometer der Teilnehmerinnen
- Feedback in Kleingruppen
- Einzelreflexion in einer Ruhephase nach dem Klettern
- Flipcharts zu einzelnen Themen erarbeiten

Abseilen

Wer hat schon Flügel
Kopf und Kragen
riskieren
auf und davon
fliegen
über sieben Berge
sehen
blaue Blumen
finden
vielleicht
irgendwo
aber
Anne Steinwart

Wer kennt nicht dieses Gefühl, im vierten Stock oder noch höher aus dem Fenster oder vom Balkon nach unten zu blicken, Dimensionen verschwinden zu sehen und sich dabei selbst ganz klein und unscheinbar zu fühlen? Diese Empfindung kann sich auch bei der erlebnispädagogischen Aktion *Abseilen* einstellen, in dem Moment, wenn man oben (am Beginn der Abseilstelle) an den Rand der Wand geht und sich vorstellt, dass man in wenigen Minuten irgendwo zwischen Himmel und Erde hängt. Eigentlich ist das Abseilen nichts anderes als eine Mutprobe. Im Gegensatz zu vielen Dingen, die wir in unserer Kindheit tun, um uns gegenseitig unseren Mut zu beweisen, ist die erlebnispädagogische Form des Abseilens – unter Beachtung der Sicherheitsbestimmungen – objektiv gesehen sicher. Die Seile halten das Zehnfache an Belastung, gut sitzende Klettergurte verteilen das Körpergewicht gleichmäßig auf Beine und Hüften, die sich abseilende Person kann mittels dem Abseilachter das Tempo selbst bestimmen und wird zusätzlich noch durch ein zweites Sicherungssystem gesichert. Die subjektive Wahrnehmung ist jedoch eine ganz andere: Es werden Angstüberwindung und Selbstvertrauen, Vertrauen in das Material, die Sichernde und die Trainerin ebenso gefordert, wie die Bereitschaft, eine neue und ungewohnte Situation aktiv zu bewältigen.

Beschreibung

Beim Abseilen lässt sich die Teilnehmerin, gesichert durch Seil und Gurt, mittels einer Seilbremse, dem Abseilachter, an einer (Fels-)Wand hinunter. Dabei wird der Oberkörper von der Wand weggelegt, damit der Druck auf die Füße kommt; bei überhängenden Felsen (oder offenen Treppenhäusern) „schwebt" die Abseilende frei in der Luft. Zusätzlich zur Seilbremse ist eine zweite Sicherung zu verwenden, entweder eine Kurzprusik, die von der Abseilenden mitgeschoben wird, oder ein zweites Seil, das über die Halbmastwurfsicherung gebremst wird. Im erlebnispädagogischen Bereich hat sich die Sicherung über ein zweites Seil bewährt: Die im Umgang mit Seil und Knoten wenig geübten Teilnehmerinnen können sich bei dieser Methode ausschließlich auf den Abseilachter konzentrieren. Dabei muss das zweite Seil so locker sein, dass die Abseilende ihr Tempo selbst bestimmen kann.

Gelände – Ort

- Felsen in Mittelgebirgen, im Alpenvorland und den Alpen, die von einer Seite leicht und gefahrlos erstiegen werden können und für die es keine Kletterbeschränkungen gibt.
- Balkone, Brüstungen und Treppenhäuser, sofern es geeignete Fixpunkte gibt und gefahrloses Abseilen möglich ist.
- künstliche Kletteranlagen bieten nur selten gute Abseilstellen, da man in der Regel Einstiegsstellen nur durch Klettern erreicht.
- Senkrechte und überhängende Abseilstellen wirken zwar abschreckender und erfordern eine größere Überwindung, sind von technischer Seite aber leichter zu bewältigen.

Sicherheit

- Abseilen nur mit kompletter Ausrüstung: Anseilkombination (Kombigurt oder Brust- und Hüftgurt) und Helm, ggf. Reepschnur für Kurzprusik
- Helme werden stets während der gesamten Aktion auf dem Kopf getragen.
- Teilnehmerinnen müssen Umgang mit Seil und Abseilachter, HMS-Sicherung oder Kurzprusik geübt haben.
- Fixpunkte müssen von den Trainerinnen kontrolliert oder eingerichtet werden.
- Zustieg zur Abseilstelle muss ggf. mit einem Seilgeländer gesichert werden.
- Teilnehmerinnen mit langen Haaren müssen diese mit einem Haarband zusammenbinden und unter den Helm stecken.

- kein Abseilen an Felsen, deren Kletterausstiege oder die komplett gesperrt sind

Materialien / Ausrüstung

a) Jede Teilnehmerin
- Kletterhelm, Anseilkombination (entweder Kombigurt oder Brust- und Hüftgurt), Bandschlinge, 2 Schraubkarabiner, ggf. Reepschnur für Kurzprusik
- bequeme Kleidung

b) Die ganze Gruppe
- Seile zum Abseilen und zur zusätzlichen Sicherung, Bandschlingen, HMS-Karabiner
- Abseilachter

c) Trainerin
- eigener Helm und Gurt
- Abseilachter
- (HMS-)Karabiner
- mehrere lange Bandschlingen
- (Kurz-)Prusikschlingen
- Taschenmesser

Durchführung der Aktion

a) Vorbereitung / Vorwissen
- Anpassen der Klettergurte und Helme, Hängetest
- Bedienung des Abseilachters
- Haltung der Abseilenden üben (Oberkörper aus der Wand lehnen, Beine grätschen, Druck auf die Füße)
- Knotenkunde und Sicherungstechnik

b) Vorbereitung vor Ort
- Anlegen der Klettergurte und Helme, Kontrolle durch die Trainerin
- Einrichten der Abseilstelle durch die Trainerin

c) Ablauf der Organisation
- Erläuterung der Abseilroute und des gesamten Ablaufs (Die Trainerin sollte hier nochmals darauf hinweisen, dass der Abseilachter beim Abseilen warm wird und die Teilnehmerinnen aufpassen müssen, damit sie sich nicht die Finger verbrennen.)
- Teilnehmerinnen stehen an einem steinschlaggeschützen Ort am Ende der Abseilstelle, einige Teilnehmerinnen gehen mit einer Trainerin zum oberen Punkt der Abseilstelle.

- Teilnehmerinnen seilen sich einzeln ab, lösen den Abseilachter und hängen ihn in das Sicherungsseil, das dann nach oben gezogen wird.
- Die zusätzliche Halbmastwurfsicherung für die Abseilenden bedient die Teilnehmerin, die als nächste abseilt. Die Trainerin muss dies kontrollieren und darauf achten, dass das Seil locker ist, aber nicht durchhängt.

d) Beendigung der Aktion
- Jede Teilnehmerin muss die Gelegenheit haben, in aller Ruhe abzuseilen.
- Für manche Teilnehmerin ist ein zweiter Durchgang wichtig, um die Aktion mit einem positiven Gefühl abschließen zu können.
- Alle Teilnehmerinnen bleiben bis zum Ende in der Nähe der Abseilstelle.
- Die Aktion endet mit dem Abziehen und Aufschießen der Seile sowie dem Ablegen der Klettergurte und Helme.

Variationen in der Durchführung

- Anstelle des (aktiven) Abseilens ist auch ein (passives) Ablassen möglich. Hier liegt die Kontrolle bei der Sichernden. Damit wird allerdings auch die Zielsetzung der Aktion verändert.
- Neben dem Abseilen einzelner Personen ist ein Tandem-Abseilen (Trainerin / Teilnehmerin oder Teilnehmerin / Teilnehmerin) möglich. Dazu wurden in der Bergrettung verschiedene Verfahren entwickelt, die entsprechender Vorübungen bedürfen.

Interventionen während der Durchführung

- Kontrolle der Sicherungstechnik
- Einschreiten bei Verstößen gegen die Sicherheitsbestimmungen

Mögliche „Krisen“

- Teilnehmerin schafft es nicht, die „Kante“ an der Abseilstelle zu überwinden.
- Teilnehmerin ist nach dem Abseilen emotional aufgewühlt.
- Vertrauen für das gegenseitige Sichern oder Ablassen ist nicht vorhanden.

Nachbesprechung

Inhalte
- bewusste Körperwahrnehmung
- Umgang mit herausfordernden Situationen und eigenen Grenzen

- (Selbst-)Vertrauen
- Abseilen als Metapher für die eigene Situation: Schritte ins Unbekannte

Methoden
- Blitzlicht unmittelbar nach dem Abseilen
- Gruppengespräch
- Stimmungsbarometer der einzelnen Teilnehmerinnen
- Einzelreflexion in einer Ruhephase nach dem Abseilen
- Meditation zum Thema „neue Herausforderungen“

Höhle

*„Die Zeit verstreicht sehr langsam.
Oder vielleicht geht die Zeit gar nicht vorbei,
sondern wir gehen durch die Zeit."*

Isabel Allende

Das Befahren von *Höhlen* wird, im Gegensatz zu Klettern, Raften oder Biwakieren, als erlebnispädagogische Aktivität noch eher selten durchgeführt. Dies hat mehrere Gründe: Die Planung ist aufwendig, Zustiege zu den Höhlen erfordern ein bestimmtes Niveau an Kondition und Trittsicherheit, die psychische Belastung der Teilnehmerinnen ist verhältnismäßig groß, Sicherheitsbelange setzen umfangreiche Qualifikationen voraus. Eine Höhlenbefahrung bietet dafür jedoch eine hohe Erlebnisintensität.

Beschreibung

Bei Höhlenbefahrungen im erlebnispädagogischen Kontext wird selten der tagfernste Punkt erreicht. Der Schwerpunkt der Aktivität liegt auf dem Unterwegssein und Entdecken innerhalb der Höhle. Je nach persönlichem und klettertechnischem Können der Teilnehmerinnen wird eine Höhle mit oder ohne Schacht (abseilen und wieder aufsteigen am Seil) befahren. Bei der Auswahl der Höhle ist die Beschaffenheit des Gangsystems zu beachten. Kennen die Trainerinnen die Gruppe, können auch enge Schlufgänge gewählt werden; ist dies nicht der Fall, müssen die Teilnehmerinnen gut vorbereitet werden, da sich ein Rückzug bei Angstzuständen oder Panik sehr schwierig gestalten kann.

Gelände – Ort

Es sind Höhlen auszuwählen, die den körperlichen und psychischen Anforderungen der Teilnehmerinnen entsprechen. Die Jahreszeit – in der Regel spätes Frühjahr bis Mitte Oktober – ist zu beachten. In den übrigen Monaten ist von Höhlenbefahrungen abzusehen. Winterbegehungen sind nur in Ausnahmefällen sinnvoll und sollten vorher auf jeden Fall mit einem Höhlenverein besprochen werden. Wichtiger Grundsatz bei der Befahrung einer Höhle: Hinterlasse nichts außer deinen Spuren!

Sicherheit

– Die Teilnehmerinnen müssen über Grundkenntnisse des Kletterns und der Sicherungstechnik verfügen.

- Den Trainerinnen sollten die Teile der Höhle, die befahren werden, bekannt sein.
- Außenstehende Personen sind über Tag und Zeit der Höhlenbefahrung sowie einen realistischen spätestmöglichen Termin der Rückkehr zu informieren.
- Es ist festzulegen, wer von außen ggf. eine Rettung einleitet. Die Namen der Teilnehmerinnen sind verfügbar.
- Es ist bekannt, welche Teile der Höhle befahren werden.

Material/ Ausrüstung

a) Jede Teilnehmerin
- Karbidlampe, am Helm befestigt, sowie eine zweite Lichtquelle (am besten eine Stirnlampe).
- festes Schuhwerk
- wasserdichte, wärmende Kleidung (in der Höhle hat es eine stets gleichbleibende Temperatur von 4 bis 8° C)

b) Die ganze Gruppe
- mindestens ein Schleifsack
- 1–2 Speleoseile (10 bis 15 m Länge),
- Wasser und Reservekarbid

c) Trainerin
- eigene Ausrüstung
- Reservelichtquelle
- Rettungsdecke
- Wasser und Reservekarbid
- fest verschließbaren Plastikbehälter für die Karbidreste

Durchführung der Aktion

a) Vorbereitung, Vorwissen
- Kenntnisse der Kletter- und Sicherungstechnik
- Umgang mit den Karbidlampen
- Vorbereitung auf einen „lebensfeindlichen" Raum mit Kälte, Feuchtigkeit, Erde und vor allem Dunkelheit

b) Vorbereitung vor Ort
- Depot am Höhleneingang für die Rucksäcke mit den nicht benötigten Materialien und Wechselwäsche
- vor der Höhlenbefahrung trockene Kleidung anziehen
- Die Funktionsfähigkeit aller Lichtquellen und die Vollständigkeit der Einzel- und Gemeinschaftsausrüstung werden überprüft.

c) Ablauf der Aktion
- Eine Trainerin geht bei der Befahrung voran, um stets den Weg vorzugeben.
- Es wird eine letzte Person eingeteilt.
- Gefährliche Stellen wie Schächte oder Überstiege sind abzusichern.
- Es muss eingeplant werden, dass meist in die Höhle hinabgestiegen wird, so dass ein Aufstieg zu bewältigen ist, um die Höhle wieder verlassen zu können.

d) Beendigung der Aktion

- An einem geeigneten Ort (windgeschützt, trocken) umziehen.
- Das Karbid der Lampen wird entsorgt und mitgenommen.

Besondere Aktivitäten in der Höhle

- Die Gruppe sitzt in einem großen Raum (beispielsweise einer „Halle“) und hat alle Lampen gelöscht. Die Trainerin geht nur mit ihrer Lampe durch die Halle. Durch den Schein des Karbidlichts kann die räumliche Dimension der Höhle intensiv wahrgenommen werden.
- Kurz bevor die Höhle verlassen wird, sitzt die Gruppe an einem sicheren Ort. Alle Lichtquellen sind aus. Die Teilnehmerinnen bleiben eine Zeit lang im Dunkeln sitzen und stellen sich auf die Stille ein. Jede verläßt nun alleine, zu einem selbstgewählten Zeitpunkt die Höhle. Dazu wird selbstverständlich wieder die Karbidlampe entzündet. Voraussetzung hierfür ist, dass das Gelände sicher ist, so dass die Teilnehmerinnen gefahrlos alleine den Ausgang der Höhle erreichen können.
- Gedichte oder Texte vorlesen, beispielsweise aus: Jules Verne „Reise zum Mittelpunkt der Erde“, Platons „Höhlengleichnis“ in der Originalfassung aus dem Dialog „Der Staat“ oder in einer wiedergegebenen Form z. B. nach Jostein Gaarders Roman „Sofies Welt“

Interventionen während der Durchführung

- Es muss sichergestellt sein, dass die Trainerinnen in schwierigen Situationen, wie z. B. Panik oder Angst die entsprechenden Entscheidungen und Maßnahmen treffen können und die Gruppe fähig ist, diese umzusetzen.
- Die Trainerinnen müssen über ein hohes Einfühlungsvermögen verfügen, um die Wirkungen der physischen und psychischen Belastungen (Dunkelheit, Feuchtigkeit, Enge) auf die Gruppe richtig einzuschätzen.
- Die Trainerinnen müssen während der Höhlenbefahrung immer wieder (Augen-)Kontakt mit jeder einzelnen Teilnehmerin aufnehmen.

Mögliche „Krisen“

- Einzelne reagieren auf die ungewohnte Umgebung mit Angst oder Verweigerung.
- Die Überwindung enger Passagen erscheint unmöglich.
- Die Atmosphäre der Höhle wirkt beklemmend.

Nachbesprechung

Inhalte
- Gruppendynamik
- Stressbewältigung in der Gruppe
- Umgang mit schwierigen Situationen
- Überwindung
- Fähigkeit zur Auseinandersetzung mit neuen Situationen und fremder Umgebung
- Sensibilisierung für das Ökosystem Höhle

Methoden
- Gespräche in Zweiergruppen auf dem Rückweg von der Höhle
- Einzelreflexionen während des Rückwegs
- Jede Teilnehmerin überlegt sich ein besonderes Erlebnis oder Ereignis aus der Höhle, das in der anschließenden Reflexion erzählt wird.
- „Brief an sich selbst“

Schneeschuhe

*„Was schweigen heißt, kann man wohl in den Bergen erleben.
Da ist es ganz still. Kein Laut weithin.
Und rauscht irgendein Wasser, zwitschert einmal ein Vogel,
rollt ein Stein, dann sinkt nachher die Stille
nur um so tiefer in sich."*

Romano Guardini

Erlebnispädagogische Aktivitäten mit *Schneeschuhen* ermöglichen Unternehmungen im winterlichen Gebirge ohne skifahrerisches Können. Die Einsamkeit des Winters, die Kürze der Tage, die Faszination einer verschneiten Bergwelt, das Anlegen eigener Spuren, aber auch körperliche Anstrengung und Unwirtlichkeiten wie Kälte, Nässe oder Lawinengefahr erwarten die Teilnehmerinnen. Besonders gut eignet sich eine mindestens zweitägige Schneeschuhtour mit Übernachtung in selbstgebauten Schneehöhlen.

Beschreibung

Die Tage sind im Winter kürzer und die Möglichkeiten des Erlebens der Tages- und Jahreszeit in einem für viele Teilnehmerinnen unbekannten, winterlichen Gelände sprechen für eine Aktivität mit mindestens einer Übernachtung. Zu Beginn der Tour sollte eine Einführung in das hüftbreite Gehen mit Schneeschuhen erfolgen, im Verlauf der Tour ist ausreichend Zeit einzuplanen, um die Teilnehmerinnen selbständig spuren zu lassen, ökologische Aspekte im winterlichen Gebirge zu besprechen, Gelegenheit für Übungen mit dem Verschüttetensuchgerät (VS-Gerät) zu bieten und Naturerfahrungsspiele zu integrieren. Ist das Gelände objektiv sicher und den Trainerinnen bekannt, sollte die Unterkunft während der Abenddämmerung erreicht werden. Eine Schneehöhle hingegen sollte noch bei Licht am frühen Nachmittag gebaut werden; hierzu sind mindestens drei Stunden einzukalkulieren.

Gelände – Ort

Wichtigstes Kriterium für die Geländewahl ist die Lawinengefahr. Hier liegt die gesamte Verantwortung der Routenwahl und dem Verhalten vor Ort bei den Trainerinnen. Das Gelände sollte keine zu steilen Anstiege aufweisen, da diese mit Schneeschuhen nur schwer zu bewältigen sind. Am günstigsten ist hügeliges Gelände, mit einer Steigung bis zu 25 Grad, das eine selbstständige Routenwahl durch die Gruppe meist noch ermöglicht. Weiterer wichtiger Gesichtspunkt für die Geländewahl ist die Orientierung bei schlechtem Wetter: Große Karstflächen bieten eindrucksvolles und günstiges Gelände, werden aber bei schlechtem Wetter sehr schnell zu einer ausgesprochen gefährlichen Umgebung (Sturzgefahr in Dolinen und Karstspalten).

Sicherheit

Die Sicherheitsbestimmungen für Schneeschuhtouren sind mit denen für Skitouren im alpinen Gelände weitestgehend identisch. Die klimatische Entwicklung im Verlauf des Winters sowie die lokalen Wetterverhältnisse und die aktuelle Lawinengefahr sind zu berücksichtigen. Jede Teilnehmerin verfügt über ein (vorher überprüftes) VS-Gerät und eine Lawinenschaufel. Je nach Gruppengröße haben außer den Trainerinnen noch zwei bis drei Teilnehmerinnen jeweils eine Lawinensonde bei sich. Ort, Routenwahl und Dauer der Unternehmung müssen dritten, außenstehenden Personen bekannt sein. Ein spätest möglicher Rückkehrtermin wird vereinbart. Wenn eine Teilnehmerin selbständig vorangeht, um die Spur anzulegen, folgt die Trainerin immer als zweite oder dritte Person, um rechtzeitig korrigierend eingreifen zu können.

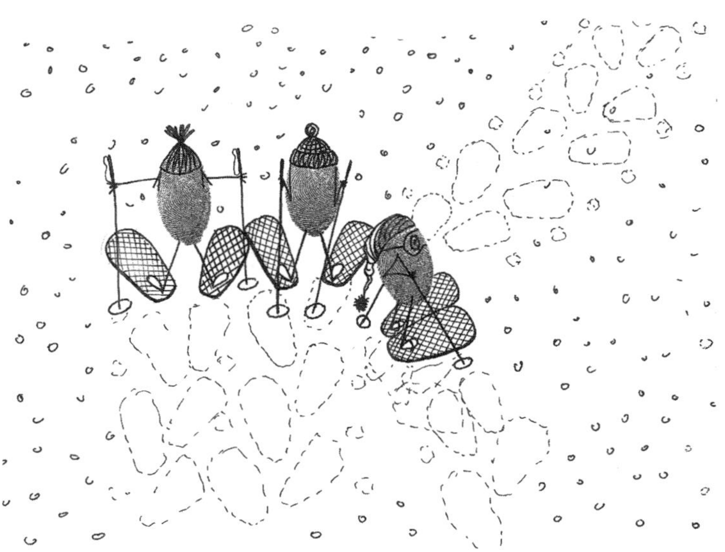

Materialien / Ausrüstung

a) Jede Teilnehmerin
- Schneeschuhe, Bergstiefel und Skistöcke
- VS-Gerät und Lawinenschaufel
- warme und wetterfeste Kleidung
- Sonnenbrille und Sonnencreme mit hohem Lichtschutzfaktor
- zweites Paar Handschuhe (v. a. für Schneehöhlenbau)
- Gamaschen

b) Die ganze Gruppe
- mehrere Biwacksäcke
- 2–3 Lawinensonden
- Karte, Kompass und Höhenmesser

c) Trainerin
- persönliche Ausrüstung
- Funk oder Handy
- Reparatur-Set
- Karte, Kompass und Höhenmesser
- bei Übernachtung eventuell Transistorradio (für aktuelle Lawinenlageberichte und Wetterentwicklungen)

Durchführung der Aktion

a) Vorbereitung, Vorwissen
- Vorbereitung auf Schwierigkeiten und Besonderheiten des winterlichen Gebirges
- Einweisung in den Gebrauch der Schneeschuhe
- Umgang mit VS-Geräten wird erklärt und geübt.

b) Vorbereitung vor Ort
- Vor der Tour legen die Teilnehmerinnen eine kurze Wegstrecke ohne Rucksäcke zurück, um sich an das Gehen bergauf, bergab, in der Ebene und Spurarbeit mit den Schneeschuhen zu gewöhnen.
- Ausrüstungscheck
- Funktionsfähigkeit der VS-Geräte überprüfen

c) Ablauf der Aktion
- Soweit es das Gelände ermöglicht, soll die Gruppe die Spur selbst anlegen und ggf. versuchen, einen geeigneten Platz für den Schneehöhlenbau zu finden.
- Schneeschuhtouren stellen hohe Anforderungen an Kondition und individuelle Leistungsfähigkeit der Teilnehmerinnen. Daher gilt der Grundsatz: Intensität des Erlebnisses vor Entfernung und Höhenmetern!

d) Beendigung der Aktion
- Die Aktion ist erst dann beendet, wenn in der Hütte, am Parkplatz oder Bahnhof die VS-Geräte ausgeschaltet werden können.
- Aufräumen der Ausrüstung und Materialpflege sind Bestandteil der gesamten Unternehmung.

Interventionen während der Durchführung

Im schwierigen Gelände wird die Routenwahl und die Entscheidung über Weitergehen oder Abbruch der Tour ausschließlich bei den Trainerinnen liegen. Sie müssen stets über die physischen Belastungen der Teilnehmerinnen im Bilde sein, greifen notfalls in den Gruppenprozess ein und bieten Handlungsalternativen an.

Mögliche „Krisen"

- Hohe körperliche Belastung, Leistungsgefälle innerhalb der Gruppe oder subjektive Stressfaktoren erzeugen Gruppendruck.
- Einsamkeit des Unterwegsseins wird als bedrückend empfunden.
- Einzelne können die Gesamtsituation der Gruppe (Selbstversorgung, Notwendigkeit der Sorge für sich und andere, ungewohnte Lebensbedingungen) nicht bewältigen.

Nachbesprechung

Inhalte
- Erlebnisintensität im winterlichen Gebirge
- Gruppenprozesse während der Tour, beim Schneehöhlenbau oder am Abend
- Fähigkeit der Gruppe zur Teamarbeit in schwierigen Situationen
- Umgang mit Ressourcen
- Gruppeninterne Veränderungen vom Anfang der Tour bis zum Zeitpunkt der Nachbesprechung
- das Leben im winterlichen Gebirge als Metapher: Umgang mit schwierigen Lebenssituationen

Methoden
- „Brief an sich selbst"
- Vorbereitung der Auswertung in der gesamten Gruppe durch Gespräche in Zweier- oder Dreiergruppen
- Stimmungsbarometer für die Einzelnen und für die gesamte Gruppe

Skitour

„Schifoahrn ...“
Wolfgang Ambros

Skitouren mit Gruppen erfordern sehr gutes technisches Können der Teilnehmerinnen und hohe Leistungsbereitschaft. Dafür bietet diese Aktivität neben dem Unterwegs-Sein im winterlichen Hochgebirge das Gefühl der Bewegung und des Schwingens als Kontrasterlebnis zum Aufstieg. Im „Gesamtkunstwerk“ alpiner Aktivitäten sind Skitouren die „Königsdisziplin“.

Gelände – Ort

- Berge und Hügel, die möglichst lawinensicher sind
- Gelände sollte für Skitourenanfänger geeignet sein (keine technischen Schwierigkeiten, möglichst freie und weitläufige Abfahrten).
- Übersichtliches Gelände eignet sich besser für eine Spuranlage durch die Teilnehmerinnen.

Sicherheit

- Berücksichtigung der aktuellen Wetter- und Lawinensituation
- Skitour mit kompletter Sicherheitsausrüstung: Verschütteten-Suchgerät und Lawinenschaufel für jede Teilnehmerin, für die Gruppe mehrere Lawinensonden
- Teilnehmerinnen müssen den Gebrauch von VS-Gerät und Lawinensonde geübt haben.
- Ort, Routenwahl und geplante Dauer der Skitour müssen Dritten bekannt sein.

Materialien/ Ausrüstung

a) Jede Teilnehmerin
- Ski mit Tourenbindung und Aufstiegsfellen, Skistöcke, Skistiefel
- VS-Gerät und Lawinenschaufel
- warme und bequeme Kleidung, Regen- und Sonnenschutz, Ski- und Sonnenbrille

b) Die ganze Gruppe
- 2–3 Lawinensonden
- mehrere Biwaksäcke
- Karte, Kompass und Höhenmesser

c) Trainerin
- eigene Tourenausrüstung
- Ersatzfelle
- Reparatur-Set
- Funkgerät oder Handy
- Material zum Bau eines Skischlittens (Reepschnüre und Karabiner)
- bei mehrtägigen Touren mit Biwak eventuell Transistorradio zum Abhören des Wetter- und Lawinenberichts

Durchführung der Aktion

a) Vorbereitung / Vorwissen
- Skifahrerische Grundkenntnisse (Grundschwung auch im Tiefschnee)
- Einführung in das Skitourengehen
- Umgang mit VS-Gerät, Lawinenschaufel und -sonde
- Verhalten im winterlichen Gebirge
- Kartenkunde, Orientierung

b) Vorbereitung vor Ort
- Kontrolle der VS-Geräte
- Ausrüstungs-Check

c) Durchführung der Aktion
- Absprachen über die Führungsarbeit auf der Route
- Wechselnde Führung (Gehtempo, Pausen, Spuranlage, Orientierung) durch möglichst viele verschiedene Teilnehmerinnen

d) Beendigung der Aktion
- Am Zielort endet der unmittelbare Teil der Aktion mit dem Ausschalten der VS-Geräte.
- Materialpflege (Trocknen der Felle, Wachsen der Skier) und Aufräumen der Ausrüstung sind Bestandteil der Aktion.

Interventionen während der Durchführung

- Zur Vermeidung von Unfällen muss in kritischen Situationen (z. B. schwierige Orientierung, komplizierte Abfahrt) die Trainerin die Führung übernehmen.
- Verhindern einer physischen Überforderung einzelner Teilnehmerinnen

Mögliche „Krisen“

- Zwischen einzelnen Teilnehmerinnen gibt es Differenzen bezüglich Tempo, Spuranlage, Richtung.
- Teilnehmerinnen klagen über zu große Belastung und Erschöpfung.

Nachbesprechung

Inhalte
- bewusste Körperwahrnehmung
- Gruppenprozesse während der Planung und während der Skitour
- Führen – Geführt werden
- Rücksichtnahme und Durchhaltevermögen
- Veränderungen bei den Teilnehmerinnen und der Gruppe vom Anfang der Tour bis zur Nachbesprechung
- Die Skitour als Metapher für das eigene Leben

Methoden
- Gespräch in Kleingruppen und später mit der gesamten Gruppe
- „Brief an sich selbst"
- Zeichnerische Auswertung (z. B. die Skitour als Spur im Schnee)
- Stimmungsbarometer für die einzelnen und die Gruppe
- Feedback zur Führung

Aktivitäten auf dem Wasser

παντα ρει – „alles fließt"
Heraklit

Dimensionen auf dem Wasser

Aktivitäten, die in Verbindung mit Gewässern stehen, haben seit jeher einen großen Stellenwert in der Erlebnispädagogik. Sie vereinen in sich scheinbar konträre Erlebnisse: die Begrenzungen eines Bootes und die Weite des Meeres, die physische Anstrengung aktiven Handelns auf dem Wasser und das meditative Treiben vor dem Wind oder im fließenden Wasser, das Auf-sich-selbst-verwiesen-Sein und das Zusammenspiel mit anderen.

Aktivitäten auf dem Wasser erfordern technisches Know-how

Die Faszination des Elements Wasser beruht zu einem Großteil auf seiner Wildheit. Wer sich schon einmal einen Wasserfall oder eine Klamm näher angeschaut hat, weiß um die immense Kraft des Wassers. Ein reißender Fluss, ein aufgepeitschtes Meer rufen in vielen Menschen Begeisterung und Respekt zugleich hervor. Alle Aktivitäten, die in Verbindung mit Flüssen, Seen oder dem Meer stattfinden, erfordern von den Trainern umfassende Kenntnisse und Erfahrungen, um gemeinsam mit den Teilnehmern das Wasser als Lernfeld zu entdecken und dabei zugleich die Risiken zu minimieren.

Abgesehen von Touren in Einer- und Zweierkajaks sind die im folgenden beschriebenen Aktivitäten auf relativ große Gruppen ausgerichtet. Dennoch ermöglicht gerade das Medium Wasser sehr individuelle Erlebnisse und Erfahrungen, die aufgrund ihrer Intensität besonders prägend sein können.

Kanu

„Mehr aber, als Vasudeva ihn lehren konnte,
lehrte ihn der Fluß. Von ihm lernte er unaufhörlich.
Vor allem lernte er von ihm Zuhören,
das Lauschen mit stillem Herzen, mit wartender,
geöffneter Seele, ohne Leidenschaft, ohne Wunsch,
ohne Urteil, ohne Meinung."

Hermann Hesse

Beschreibung

Gewässer dienen in der Literatur und Filmgeschichte häufig als Symbole für Übergänge zwischen verschiedenen Welten, Boote sind zumeist das Medium, um diese Übergänge zu bewältigen. Diese metaphorische Prädominanz bildet die Grundlage für viele erlebnispädagogische Aktionen. Die Vielfalt der unter dem Begriff Kanu subsumierten Bootstypen ist riesig: *Kajaks* (sitzend, mit Doppelpaddel) und *Kanadier* (knieend oder sitzend, mit Stechpaddel) können aus Gummi, Plastik, Aluminium, Fiberglas oder Holz gefertigt sein und für einzelne Personen, für zwei, oder für eine Gruppe Platz bieten. Gepaart mit verschiedenen befahrbaren Gewässer (Bäche, Kanäle, Flüsse, Seen, Meere) eignet sich Kanufahren für ein breites Spektrum unterschiedlichster Aktionen. So lässt sich nicht nur eine Wasserwegstrecke zurücklegen und dabei die (maritime) Umgebung erforschen, denn Aktionen mit Kanus ermöglichen ebenso ein intensives Kennenlernen der eigenen Person und eröffnen Erfahrungen zu Selbstkonzept, Teamarbeit, Verantwortlichkeit und Durchhaltevermögen.

Gelände

- Größere Bäche und Flüsse, variierend von geringer Fließgeschwindigkeit bis hin zu mittlerem Wildwasser (WW III–IV)
- Kanäle, innerstädtisch odeı als Verbindung zwischen Flüssen und Seen
- Seen sowie der Küstenbereich von Meeren, z. B. Nord- und Ostsee
- Bei Staustufen muss eine Möglichkeit zum Umtragen vorhanden sein.
- Befahren der Gewässer mit Kanus muss gestattet sein (saisonale, tageszeitliche oder pegelabhängige Sperrungen beachten).
- Ein- und Ausstiegsstellen müssen gut begehbar, öffentlich zugänglich und in der näheren Umgebung gegebenenfalls auch mit dem Bootshänger erreichbar sein.
- Vorhandene Brutstellen von Wasservögeln müssen gut umfahrbar sein.

Sicherheit

- Alle Teilnehmer müssen schwimmen können.
- Kanufahren nur mit entsprechender Schutzkleidung: Schwimmweste, stabile (Neopren-) Schuhe, je nach Jahreszeit und Wassertemperatur Neoprenanzug, bei Wildwasser Helm

- Teilnehmer müssen die elementaren Fahrtechniken (Paddeln, Steuerung, Kehrwasser) sowie Sicherheits- und Rettungsmanöver (Kentertraining, Werfen und Retten mit dem Wurfsack, Ins-Boot-holen eines über Bord gegangenen Teilnehmers) geübt haben.
- Mehrere Boote fahren mit permanentem Sichtkontakt.
- Schwierige Stellen werden vor der Befahrung erkundet, ggf. mit Sicherung von außen einzeln befahren oder umtragen.

Materialien / Ausrüstung

a) Jeder Teilnehmer
- Schutzkleidung: Schwimmweste, stabile Schuhe, ggf. Neoprenanzug, Helm
- Bootsmaterial: bei Einerkajaks Spritzdecke und Paddel, bei Zweierkajaks Spritzdecke und Paddel pro Person und für je zwei Personen ein Kajak, bei Kanadiern Stechpaddel pro Person und für jeweils 5–8 Personen ein Kanadier
- Alle Paddel sollten passend zur Körpergröße sein.

b) Die ganze Gruppe
- Karte
- mehrere Wurfsäcke
- Schleppleinen und Pfaffe
- Reservepaddel
- bei Gummibooten mehrere Blasebälge zum Aufpumpen der Boote

c) Trainer
- Schutzkleidung: Schwimmweste, stabile Schuhe, Neoprenanzug, Helm
- eigenes Kajak oder Platz im Gruppenkanadier
- Wurfsack und Rettungsgurt
- wasserdichter Transportsack oder -tonne für Erste Hilfe etc.

Durchführung der Aktion

a) Vorbereitung / Vorwissen
- Fahrtechnik: Paddelschläge, Steuern des Bootes, An- und Ablegen, Ein- und Ausfahren ins Kehrwasser
- Rettungsmanöver: Kentertraining, Schwimmen mit dem Boot, Werfen und Einholen des Wurfsacks, Einholen eines Teilnehmers ins Boot, Abschleppen eines Bootes
- Flusslauf: über- und unterspülte Steine, Kehrwasser, Schwalle, Wehre usw.

- ökologisches Verhalten am und auf dem Wasser
- Kontrolle der Fahrbarkeit des Flusses/Meeres durch den Trainer (Pegelstand überprüfen, Ebbe/Flut beachten, Erkundigungen einholen)

b) Vorbereitung vor Ort
- Anlegen der Ausrüstung
- Bereitmachen der Boote

c) Ablauf der Aktion
- Erläuterung der Fahrtstrecke, Vereinbaren von Haltepunkten
- Zusammenfinden der Bootsbesatzungen
- Festlegen einer Reihenfolge der einzelnen Boote
- Einsetzen der Boote und gemeinsame Fahrt
- Besichtigen schwieriger Stellen mit Einzelfahrt oder Umtragen
- Bei Kanadiern können innerhalb des Boots die Aufgaben der Teilnehmer (Steuermann, Schlagmann) gewechselt werden.

d) Beendigung der Aktion
- Anlanden aller Boote an der Ausstiegsstelle
- Verladen der Boote, eventuell Luft ablassen
- Die Teilnehmer sollten Gelegenheit haben, sich baldmöglichst umzuziehen.
- Aufräumen der Ausrüstung und Materialpflege gehören zur Aktion.

Variationen in der Durchführung

- Die Einteilung der Bootsbesatzungen erfolgt durch den Trainer, z. B. nach geschlechtsspezifischen Gesichtspunkten. Dabei sollten die Kriterien, die zu der Einteilung führen, offengelegt werden.
- Kanus eignen sich besonders gut für längere Touren, die auch eine Übernachtung einschließen, da das benötigte Material einfach transportiert werden kann. Gruppenselbststeuerung, Planungskompetenz und Zusammenarbeit in der Gruppe können hierbei zentrale Themen werden.
- Im Rahmen eines längeren Projekts kann von einer Gruppe ein Kanadier in Eigenarbeit angefertigt werden. Die gemeinsame Tour bildet dann den Abschluss.

Interventionen während der Durchführung

- Einschreiten bei Verstößen gegen die Sicherheitsbestimmungen, ggf. Abbruch der Aktion
- Rettungsmanöver

Mögliche „Krisen"

- Die unterschiedliche Leistungsfähigkeit einzelner Teilnehmer führt zum Streit innerhalb der Gruppe.
- Ein Teilnehmer möchte nicht mit einem oder mehreren anderen Teilnehmern ins gleiche Boot.
- In einem Boot kommt es zu intensiven Auseinandersetzungen, so dass das Boot nicht mehr manövriert wird.

Nachbesprechung

Inhalte
- Erlebnisintensität im Wildwasser
- Gruppenprozesse während der Vorbereitung, der Kanufahrt und dem Aufräumen
- Kooperationsbereitschaft
- Körperwahrnehmung, Durchhaltevermögen und Leistungsbereitschaft
- (Klein-)Gruppeninterne Veränderungen vom Beginn der Aktion bis zur Nachbesprechung
- Teamarbeit im Boot – Teamarbeit im Alltag

Methoden
- Gespräch in den Kleingruppen (Bootsbesatzungen) und/oder der gesamten Gruppe
- Tour als Bild malen
- Flipcharts zu bestimmten Themen erarbeiten
- Stimmungsbarometer
- „Wunschliste" für ähnliche Situationen

Schlauchbootfahren

Selbstvertrauen
Das Ufer verlassen
den festen Boden
unter den Füßen
Kopfüber
ins Meer springen
schwimmen
in Freiheit und Gefahr
Meine Kraft
und meine Schwäche
finden

Anne Steinwart

Auf einem Badesee gab es an einem schönen Sommertag folgendes zu beobachten: Fünf Jungen, alle im Alter zwischen fünf und acht Jahren, einige noch mit Schwimmflügeln ausgestattet, saßen gemeinsam in einem Schlauchboot und versuchten von einem Ufer zum anderen zu kommen. Sie hatten nur drei Paddel, und natürlich wollte jeder paddeln, steuern und kommandieren zugleich. So drehten sie sich eine ganze Weile mehr oder weniger im Kreis, bis sie merkten, dass sie ihre Taktik ändern mussten. Erst vereinbarten sie, dass zunächst nur zwei – einer auf jeder Seite – paddeln sollten, dann setzten sie sich im Boot so hin, dass das Gewicht günstiger verteilt war, schließlich benutzten sie das dritte Paddel, um

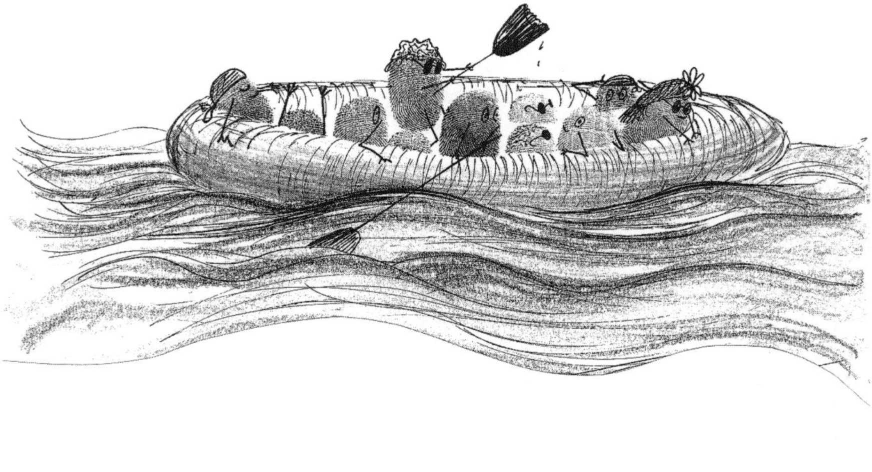

damit zu steuern. Froh über ihren Erfolg, steuerten sie gleich auf ein anderes Schlauchboot zu, um sich mit diesem in einer Wettfahrt zu messen ...

Nirgends wird der Unterschied zwischen „actionorientierter“ Freizeitbeschäftigung und erlebnispädagogischer Aktion so deutlich wie beim Raften bzw. Schlauchbootfahren:

- Raften: ein großes Boot, das mit 10 und mehr Personen besetzt ist; ein Raftguide, der das Boot steuert und es (wohl) auch ohne Mitfahrer den Fluss hinab lenken könnte; Teilnehmer, die ein spannendes, körperbetontes Freizeitvergnügen genießen wollen; eine Unternehmung, die „Action bringt und Spaß macht“.
- Schlauchbootfahren: ein kleines Boot mit eher 3 als 7 Personen; ein Trainer, der die Teilnehmer in der Regel mit dem Kajak begleitet und so die Sicherheit der Beteiligten gewährleistet; eine Gruppe, der nur in gemeinsamer Anstrengung das Befahren des Flusses gelingt; eine Lernsituation, bei der „alle in einem Boot sitzen“.

Beschreibung

Schlauchbootfahrten bieten vielfältige Lerngelegenheiten: Die Teilnehmer erleben den Wechsel zwischen körperlicher Anstrengung und Sich-treiben-Lassen, Rollen und Aufgabenverteilung müssen vereinbart und akzeptiert werden, das Zusammenspiel der Bootsbesatzung wird zur Messlatte für das erfolgreiche Bewältigen schwieriger Situationen.

Gelände

- kleinere und mittlere Flüsse mit leichtem bis mäßigem Wildwasser (WW I-II), die möglichst unverbaut sind
- Befahren des Flusses mit Schlauchbooten muss gestattet sein (saisonale, tageszeitliche oder pegelabhängige Sperrungen beachten).
- Ein- und Ausstiegsstellen müssen gut begehbar, öffentlich zugänglich und in der näheren Umgebung mit dem Bootshänger erreichbar sein.
- Vorhandene Brutstellen von Wasservögeln müssen gut umfahrbar sein.

Sicherheit

- Alle Teilnehmer müssen schwimmen können.
- Schlauchbootfahren nur mit entsprechender Schutzkleidung: Neopren-Anzug, Schwimmweste, Helm, stabile (Neopren-)Schuhe

- Teilnehmer müssen die elementaren Fahrtechniken (Paddeln, Steuerung, Kehrwasser) und Rettungsmanöver (Werfen und Retten mit dem Wurfsack, Ins-Boot-holen eines über Bord gegangenen Teilnehmers) geübt haben.
- Mehrere Boote fahren mit permanentem Sichtkontakt.
- Schwierige Stellen werden vor der Befahrung erkundet und ggf. einzeln mit Sicherung von außen befahren oder umtragen.

Materialien / Ausrüstung

a) Jeder Teilnehmer
- Neopren-Anzug, Schwimmweste, Helm, stabile Schuhe
- Stechpaddel, passend zur Körpergröße

b) Die ganze Gruppe
- Schlauchboote (je nach Bootsgröße 3–8 Personen), am besten mit Innenboden aus Holz
- pro Boot mindestens ein Wurfsack
- mehrere Blasebälge zum Aufpumpen der Boote

c) Trainer
- Neopren-Anzug, Schwimmweste, Helm, stabile Schuhe
- Kajak
- Wurfsack und Rettungsgurt
- Messer / Dolch
- wasserdichter Transportsack oder -tonne für Erste Hilfe etc.

Durchführung der Aktion

a) Vorbereitung / Vorwissen
- Fahrtechnik: Paddelschläge, Steuern des Bootes, Kehrwasser ein- und ausfahren
- Rettungsmanöver: Werfen und Einholen des Wurfsacks, Einholen eines Teilnehmers ins Boot
- Flusslauf: über- und unterspülte Steine, Kehrwasser, Schwalle, Wehre usw.
- ökologisches Verhalten am und auf dem Fluss
- Kontrolle der Fahrbarkeit des Flusses durch den Trainer (Pegelstand überprüfen, Erkundigungen einholen)

b) Vorbereitung vor Ort
- Anlegen der Ausrüstung
- Aufpumpen der Boote

c) Ablauf der Aktion
- Erläuterung der Flussstrecke, Vereinbaren von Haltepunkten
- Zusammenfinden der Bootsbesatzungen

- Festlegen einer Reihenfolge der einzelnen Boote
- Einsetzen der Boote und gemeinsames Befahren des Flusses
- Anfahren der vereinbarten Kehrwasser, Besichtigen schwieriger Stellen mit Einzelfahrt oder Umtragen
- Innerhalb der Boote können die Aufgaben der Teilnehmer (Steuermann, Schlagmann) gewechselt werden.

d) Beendigung der Aktion
- Anlanden aller Boote an der Ausstiegsstelle und Ausleeren der Boote
- Verladen der Boote, eventuell Luft ablassen
- Die Teilnehmer sollten Gelegenheit haben, sich baldmöglichst umzuziehen.
- Aufräumen der Ausrüstung und Materialpflege gehören zur Aktion.

Variation in der Durchführung

- Die Einteilung der Bootsbesatzungen erfolgt durch den Trainer, z. B. nach geschlechtsspezifischen Gesichtspunkten. Dabei sollten die Kriterien, die zu der Einteilung führen, offengelegt werden.
- Stehen so viele Trainer wie Boote zur Verfügung, können sich diese auch auf die einzelnen Boote verteilen. Sie sollten dann aber keine Führungsfunktion im Boot einnehmen.

Interventionen während der Durchführung

- Einschreiten bei Verstößen gegen die Sicherheitsbestimmungen, ggf. Abbruch der Aktion
- Rettungsmanöver

Mögliche „Krisen“

- Ein Teilnehmer möchte nicht mit einem oder mehreren anderen Teilnehmern ins gleiche Boot.
- In einem Boot kommt es zu intensiven Streitereien, so dass das Boot nicht mehr manövriert wird.

Nachbesprechung

Inhalte
- Erlebnisintensität im Wildwasser
- Gruppenprozesse während der Vorbereitung, der Schlauchbootfahrt und dem Aufräumen
- Kooperationsbereitschaft
- Verantwortung und Führung
- Körperwahrnehmung und Durchhaltevermögen
- (Klein-)Gruppeninterne Veränderungen vom Beginn der Aktion bis zur Nachbesprechung
- Teamarbeit im Boot – Teamarbeit im Alltag

Methoden

- Gespräch in den Kleingruppen (Bootsbesatzungen) und/ oder der gesamten Gruppe
- Flipcharts zu bestimmten Themen erarbeiten
- Stimmungsbarometer
- „Wunschliste“ für ähnliche Situationen

Segeln

„Man muß vom Menschen alles verlangen, wozu er fähig ist, und ihn dabei doch so akzeptieren, wie er ist."

Elie Wiesel

Unter allen natursportlichen Aktivitäten steht *Segeln* am prägnantesten für die Symbolik der Erlebnispädagogik: Aufbruch, Wagnis, Entwicklung, Veränderung. Die Geschichte der modernen Erlebnispädagogik beginnt mit Segelschiffen: „Outward Bound" steht als Begriff aus der Seefahrersprache für das nach langen Vorbereitungen zum Auslaufen bereite Schiff.

Dimensionen des Segelns

Ohne Zweifel zählt Segeln zu den aufwendigsten erlebnispädagogischen Aktivitäten. Umfangreiche Vorbereitungen sowohl der Teilnehmer als auch der Trainer, sehr teure Ausrüstung mit intensiver Wartung, starke Einschränkungen bezüglich der Geländewahl sowie die Notwendigkeit formaler Qualifikation der Trainer erschweren einen häufigeren und spontanen Einsatz des Segelns im Rahmen erlebnispädagogischer Aktionen. Auf der anderen Seite bietet das Segeln einen immensen Reichtum an Lern- und Erfahrungsmöglichkeiten: das starke Aufeinander-angewiesen-Sein auf dem Segelboot, die Zusammenarbeit während der Vorbereitung und an Bord, das unmittelbare Erleben von Wind und Wetter, die körperliche Anstrengung des Pullens und des Segelsetzens, das reflektierende Moment des Dahinsegelns bei günstigem Wind. Es gibt eine ganze Reihe erlebnispädagogischer Projekte, die Segeln auf großen Schiffen, im Rahmen von Langzeitmaßnahmen einsetzen. Kleinere Segelboote eignen sich vor allem dann, wenn sie die Mitarbeit möglichst vieler Personen erfordern und Gelegenheit zu intensiven Erlebnissen bieten. Solche Boote, in Deutschland unter dem Begriff „Jugendwanderkutter" bekannt, werden weltweit von verschiedenen Institutionen für ein- und mehrtägige Aktionen eingesetzt. Alle folgenden Ausführungen beziehen sich auf diese Boote.

Gelände

- Binnenseen, Nord- und Ostsee
- Gleichbleibende und berechenbare Winde erleichtern das Segeln für Anfänger. Bei mehrtägigen Touren müssen geeignete Anker- bzw. Liegeplätze vorhanden sein.

Sicherheit

- Alle Teilnehmer müssen schwimmen können.
- Segeln nur mit Schwimmwesten
- Verantwortlicher Skipper braucht entsprechende formale Qualifikation (Sportbootführerschein, BR-Schein usw.).
- Teilnehmer müssen die elementaren Bootsmanöver (An- und Ablegen, Aufziehen und Einholen des/r Segel, Wende und Halse) und Rettungsmanöver (Ins-Boot-Holen eines über Bord gegangenen Teilnehmers, Schwimmen mit Schwimmweste) geübt haben.
- Segeln nur in erlaubten Bereichen

Materialien/ Ausrüstung

a) Jeder Teilnehmer
- Schwimmweste
- wetterfeste Kleidung, rutschfeste Schuhe mit Gummisohle
- wasserdichte Transportmöglichkeit (Sack oder Tonne) für Kleidung, Schlafsack etc.

b) Die ganze Gruppe
- entsprechendes Segelboot mit der notwendigen Sicherheitsausstattung (Rettungsringe)
- wasserdichte Transportmöglichkeit für die Gruppenausrüstung (Verpflegung, Kochgeräte, Zelte usw.)
- Orientierungsausrüstung wie Seekarten, Kompass, Sextanten

c) Trainer
- zusätzliche Sicherheitsausrüstung wie Funkgerät oder Handy
- Signalmittel

Durchführung der Aktion

a) Vorbereitung/ Vorwissen
- Segeltechnik: Auf- und Abziehen der Segel, Wende und Halse, Einsetzen der Riemen und Pullen
- Rettungsmanöver: Einholen eines über Bord gegangenen Teilnehmers, Schwimmen mit Schwimmweste
- Wasser-, Wind- und Wetterkunde
- ökologisches Verhalten am und auf dem Wasser
- Kontrolle der äußeren Bedingungen durch den Trainer (Wetter- und Windvorhersagen, Ebbe und Flut)

b) Vorbereitung vor Ort
- Anlegen der Ausrüstung
- Beladen des Segelboots

c) Ablauf der Aktion
- Erläuterung der Segelstrecke
- Innerhalb der Boote können die Aufgaben der Teilnehmer (Steuermann, Vorschoter…) gewechselt werden.

d) Beendigung der Aktion
- Anlegen des Segelboots an der Ausstiegsstelle
- Einholen aller Segel und Festmachen des Boots
- Aufräumen der Ausrüstung und Materialpflege gehören zur Aktion.

Variationen in der Durchführung

- Je nach Vorwissen und Erfahrungen der Gruppe oder einzelner Teilnehmer können Aufgaben, die ansonsten der Skipper übernimmt, an die Gruppe abgegeben werden. Im Sinne der Gruppenselbststeuerung ist dies sinnvoll, allerdings muss stets die Sicherheit gewährleistet sein.
- Segeltouren lassen sich gut mit ökologischen (z. B. Untersuchung von Wasserqualität) und naturkundlichen Projekten (z. B. Erforschung der Meeresfauna) verbinden.

Interventionen während der Durchführung

- Einschreiten bei Verstößen gegen die Sicherheitsbestimmungen, ggf. Abbruch der Aktion
- Rettungsmanöver

Mögliche „Krisen“

- Die Enge des Bootes und das permanente Aufeinanderverwiesen-Sein führen zu Stresssituationen.

Nachbesprechung

Inhalte
- Erlebnisintensität im engen Segelboot auf See
- Gruppenprozesse während der Vorbereitung, der Segeltour und dem Aufräumen
- Kooperationsbereitschaft
- Verantwortung und Führung
- Körperwahrnehmung und Durchhaltevermögen
- (Klein-)Gruppeninterne Veränderungen vom Beginn der Aktion bis zur Nachbesprechung
- Teamarbeit im Boot – Teamarbeit im Alltag

Methoden
- Gespräch in der gesamten Gruppe
- Flipcharts zu bestimmten Themen erarbeiten
- Stimmungsbarometer
- „Wunschliste“ für ähnliche Situationen

Floßbau

„Willst Du ein Schiff bauen, rufe nicht Männer zusammen,
um Holz zu beschaffen und Werkzeuge vorzubereiten –
sondern lehre sie die Sehnsucht
nach dem weiten, endlosen Meer!"

Antoine de Saint-Exypéry

Floßbau unterscheidet sich von den anderen beschriebenen Aktivitäten auf dem Wasser dadurch, dass der Schwerpunkt der pädagogischen Zielsetzung in der Floß-Konstruktion und damit am Land stattfindet. Hieraus ergeben sich nicht nur unterschiedliche Anwendungsmöglichkeiten – Einsatz der Flöße auf einem Binnengewässer (z. B. See) oder das Befahren von Wildwasser im unteren Schwierigkeitsgrad (I-II) –,

es verschieben sich auch Zielsetzung und Inhalt der Aufgabenstellung. Bei Wildwasser ist ein wesentlich höheres Maß an Ausrüstung, Sicherheitspersonal und Logistik notwendig. Abgesehen davon, dass die Aktivität Floßbau sehr material- und zeitaufwendig ist, eignet sie sich für viele Orte: Sie lässt sich im Rahmen von erlebnispädagogischen Aktivitäten in der Stadt (CITY BOUND) ebenso durchführen, wie an Baggerseen oder bei Flussbefahrungen.

Beschreibung

Die Gruppe bekommt vorgegebenes Material, um (je nach Gruppengröße) eine bestimmte Anzahl von Flößen für maximal fünf Personen zu konstruieren: Das Material sollte dazu vorbereitet sein: je Floß 12–15 Bretter (mind. 5 cm Stärke, 2 m Länge, 25–30 cm Breite), pro Floß mindestens vier LKW-Schläuche sowie eine ausreichende Anzahl (mind. doppelt soviel wie Anzahl der Bretter) ca. 120 cm langer Reepschnüre zum Verbinden der Bretter. Weiterhin pro Floß 1–2 lange Seile (15–20 m), um die LKW-Schläuche untereinander und an der Bretterkonstruktion fixieren zu können. Je nach Gruppengrößen sind 2–3 Luftpumpen sowie Ventile und Flickzeug notwendig. Mit dem vorgegebenen Material muss die Gruppe auskommen, um die Flöße konstruieren zu können.

Gelände – Ort

- ausreichender Platz zum Auslegen von Materialien und zum Bauen der Flöße von mehreren Gruppen
- An heißen, sonnigen Tagen sind Schattenplätze von Vorteil.
- geeignete Ein- und Ausstiegsstellen für die Floßfahrt
- Fluss mit leichtem Wildwasser und ohne große Hindernisse, alternativ See

Sicherheit

- Alle Teilnehmer müssen schwimmen können.
- Floßfahrt nur in entsprechender Ausrüstung: Schwimmweste und Schuhe, bei Wildwasser auch Helm und Neoprenanzug

  Für Floßfahrten auf Wildwasser gilt:
- Teilnehmer müssen die elementaren Fahrtechniken (Paddeln, Steuerung, Kehrwasser) und Rettungsmanöver (Werfen und Retten mit dem Wurfsack, Ins-Boot-holen eines über Bord gegangenen Teilnehmers) geübt haben.
- Mehrere Boote fahren mit permanentem Sichtkontakt.
- Schwierige Stellen werden vor der Befahrung erkundet, ggf. einzeln befahren mit Sicherung von außen, oder umtragen.

Materialien / Ausrüstung

a) Jeder Teilnehmer
- Schwimmweste, Schuhe, ggf. Helm und Neoprenanzug
- Stechpaddel, passend zur Körpergröße

b) Die ganze Gruppe
- Materialien zum Bau der Flöße
- mehrere Wurfsäcke, verteilt auf unterschiedliche Flöße
- mehrere Luftpumpen und Flickzeug

c) Trainer
- Schwimmweste, Schuhe, ggf. Helm und Neoprenanzug
- Kajak
- Wurfsack und Rettungsgurt
- Messer / Dolch
- wasserdichter Transportsack oder -tonne für Erste Hilfe etc.

Durchführung der Aktion

a) Vorbereitung, Vorwissen
- Vorbereitung der Materialien, Überprüfung auf Vollständigkeit
- für geplante Floßabfahrt auf Fluss mit Wildwasser: siehe Schlauchboot

b) Vorbereitung vor Ort
- Die Teilnehmer bekommen das Material vollständig zur Verfügung gestellt, eine Einweisung in die Aufgabenstellung und müssen sich dann selbständig organisieren.

c) Ablauf der Aktion
- Der erste Teil der Aktion ist mit der Fertigstellung der Flöße beendet. Gegebenenfalls empfiehlt sich hier eine Zwischenauswertung.
- Wird ein See befahren, ist es sinnvoll, vorher ein Ziel vorzugeben und dort einen „Schatz“ zu verstecken, der mit den Flößen erreicht und „gehoben“ werden muss. Die Gruppe wird vom Trainer im Kajak begleitet.
- Bei Wildwasserabfahrten gelten die Sicherheitskriterien und Richtlinien wie bei der Aktivität „Schlauchboot“. Die Flussstrecke muss erläutert, Bootsbesatzungen eingeteilt und Signale, die von der Gruppe auf jeden Fall befolgt werden müssen (Einfahren in Kehrwasser, Anlanden, Warten), festgelegt werden.

d) Beendigung der Aktion
- Anlanden aller Flöße an der Ausstiegsstelle
- Auseinanderbauen der Flöße
- Die Teilnehmer sollten Gelegenheit haben, sich baldmöglichst umzuziehen.
- Aufräumen und Sortieren der Ausrüstung gehören zur Aktion.

Variationen in der Durchführung

- Verbinden von Flößen zu einem gemeinsamen großen Floß
- Mittels der Flöße muss auf dem See ein Wort (z. B. Firmenname) oder Bild geformt werden.
- Die Materialien werden ungleichmäßig verteilt, es gibt die Möglichkeit, Material zu tauschen oder „einzukaufen".
- Das Material kann variiert werden: anstelle der LKW-Schläuche Plastiktonnen, anstelle der Reepschnüre Hanfseile.

Interventionen während der Durchführung

- Einschreiten bei Verstößen gegen die Sicherheitsbestimmungen, ggf. Abbruch der Aktion
- Wenn einzelne Flöße offensichtlich nicht zur Floßfahrt geeignet sind, kann der Trainer nach der Bauphase eine Qualitätsprüfung und -verbesserung durchführen. Dies kann mit einer Zwischenauswertung verbunden werden.

Mögliche „Krisen"

- Bereits bei der Konstruktion ist ein Team nicht in der Lage, ein sicheres und stabiles Floß zu bauen.
- Die Konstruktion des Floßes hält den Anforderungen des Wassers nicht stand.

Nachbesprechung

Inhalte
- Zusammenarbeit innerhalb der Teams während der Planungs- und Konstruktionsphase: Ideensammlung, Entscheidungsfindung, Realisierung
- Geben und Nehmen von Führung und Steuerung
- Hindernisse durch geeignete „Konstruktionen" gemeinsam bewältigen
- Sicherheit geben
- schwierige Situationen aushalten

Methoden

- getrennte Auswertung von Floßbau und Floßfahrt
- Gespräche in Kleingruppen (Konstruktionsteams oder Floßbesatzungen) mit bestimmten Fragestellungen (Annäherung über den Gruppenprozess).
- „Ereigniskarten“: Jeder schreibt spontan das „wichtigste“ Erlebnis / Ereignis auf eine Karte und erläutert sie im Plenum (Annäherung über den Erlebniswert).
- Feedback der Teams füreinander

Aktivitäten unterwegs

Anforderungen

Die hier beschriebenen Aktivitäten sind alle unterwegs im Gelände durchführbar und im Rahmen bestimmer Zielsetzungen einzusetzen. Etliche Aktionen lassen sich gut miteinander verknüpfen, so z.B. *Wandern* mit anschließendem *Solo, Orientierungstour* zu einer Schlucht, *Radtour* mit anschließendem *Biwak*. Bei *Wanderungen* und *Radtouren* werden die Teilnehmerinnen physisch gefordert, *Biwak* und *Solo* sind psychisch besonders anspruchsvoll, *Schluchtüberquerung* und *Orientierungstour* stellen hohe Anforderungen an die Teamfähigkeit einer Gruppe.

Wandern

„Jeder Weg ist nur ein Weg, und es ist kein Verstoß
gegen sich selbst oder andere, ihn aufzugeben,
wenn dein Herz es dir befiehlt... Sieh dir jeden Weg
scharf und genau an. Versuche ihn so oft wie nötig.
Dann frage dich, nur dich allein:
... Ist es ein Weg mit Herz? Wenn ja,
dann ist es ein guter Weg; wenn nicht, ist er nutzlos."

Carlos Castaneda

Wandern ist für den Menschen die natürlichste Art der Fortbewegung. Sie erfordert keinerlei technische Hilfsmittel und erfährt ihre Möglichkeiten und Begrenzungen alleine in der individuellen Leistungsfähigkeit. Weiterhin hat der wandernde Mensch einen intensiven Kontakt zu sich selbst und seiner Umwelt, nimmt die Anstrengungen und Pausen, die Veränderungen der Landschaft und Begegnungen mit Mensch und Tier unmittelbar wahr. Wanderungen, die in einer Gruppe durchgeführt werden, erfordern Planungskompetenz, gute Vorbereitungen, gegenseitige Rücksichtnahme und Leistungsbereitschaft.

Beschreibung

Im Gegensatz zu geführten Wanderungen, wie sie Fremdenverkehrs- oder Wandervereine anbieten, stehen bei einer erlebnispädagogischen Aktion das Erfahren und Handeln der Teilnehmerinnen im Vordergrund. Deshalb sollte die Gruppe von Anfang an weitestgehend in Planung und Vorbereitung einbezogen sein. Auch bei der Wanderung selbst übernimmt die Gruppe die Führung, soweit dies ohne Sicherheitsbedenken möglich ist.

Gelände – Ort

Wandern kann man fast überall, an der Küste, im Flachland oder im Gebirge. Dabei hat jede Landschaft ihre eigenen Reize und schafft unterschiedliche metaphorische Bezüge. Während es an der Küste um Weitblick und (Un-)Endlichkeit geht, spielen in hügeligen Gegenden das permanente Auf und Ab, die Höhen und Tiefen eine Rolle. Sehr viel wichtiger als die Region ist die Natürlichkeit der Umgebung.

Sicherheit

Richtige Ausrüstung, die Beachtung des Geländes und der Wetterverhältnisse sowie eine sich an der Leistungsfähigkeit der Teilnehmerinnen orientierende Tourenplanung sind entscheidende Kriterien für die Sicherheit aller Beteiligten.

Materialien/ Ausrüstung

a) Jede Teilnehmerin
- feste Schuhe mit einer Profilsohle
- warme Kleidung (incl. Wechselwäsche)
- Regen- und Sonnenschutz
- Rucksack

b) Die ganze Gruppe
- ausreichendes Kartenmaterial
- gegebenenfalls Kompass und Höhenmesser
- Biwaksack (für eventuelle Notfälle)
- bei Selbstversorgung und Übernachtung im Freien: Kocher, Essgeschirr sowie Schlafsäcke, Isomatten und Zelte/Biwaksäcke

c) Trainerin
- eigene Ausrüstung
- zusätzliche Karte
  Bei Mehrtagestouren mit Biwak empfiehlt sich die Mitnahme eines kleinen Radios, um den aktuellen Wetterbericht abhören zu können.
- Handy oder Funkgerät

Durchführung der Aktion

a) Vorbereitung, Vorwissen
- Kenntnisse in Karten- und Wetterkunde
- Orientierungsvermögen

b) Vorbereitung vor Ort
- Ausrüstungs-Check
- Verteilen der Gruppenausrüstung

c) Ablauf der Aktion
- Wanderung wird weitestgehend durch die Teilnehmerinnen gestaltet: Gehtempo, Pausen, Orientierung reguliert die Gruppe selbst.
- Bei mehrtägigen Wanderungen bieten die „Randzeiten“ wie Sonnenauf- und -untergang, Morgen- und Abenddämmerung besondere Stimmungen.
- Bei Wanderungen lassen sich gut andere Aktionen wie Problemlösungsaufgaben, Naturerfahrungsübungen oder eine Meditation integrieren.

d) Beendigung der Aktion
- Die Aktion ist beendet, wenn alle Teilnehmerinnen den Zielort erreicht haben und die Ausrüstung versorgt ist.
- Wanderung mit einer kurzen Blitzlichtrunde beenden.

Interventionen während der Durchführung

Die Trainerinnen müssen – über ihre mit den Teilnehmerinnen vereinbarte Rolle hinaus – nur intervenieren, wenn die Sicherheit einzelner Teilnehmerinnen oder der ganzen Gruppe durch subjektive (z. B. physische Schwäche) oder objektive (z. B. Wetterumschwung, Nichterreichen der Unterkunft) Gefahren nicht gewährleistet ist.

Mögliche „Krisen“

- Die Leistungsfähigkeit oder -bereitschaft der Gruppe ist zu heterogen und spaltet die Gruppe.
- Konkurrenzsituationen unter den Teilnehmerinnen über Führung und Leitung bedingen Fehlentscheidungen.

Nachbesprechung

Inhalte
- Gruppenprozesse während der Vorbereitung und der Wanderung
- Rücksichtnahme und Durchhaltevermögen
- Planungskompetenz
- Veränderungen bei den Teilnehmerinnen und der Gruppe vom Anfang der Tour bis zur Nachbesprechung
- die Wanderung als Metapher für das eigene Leben

Methoden

- Kleingruppengespräche zur Vorbereitung (eventuell auch schon während der Wanderung), dann in der gesamten Gruppe
- Zeichnerische Auswertung, z. B. die Wanderung als Fluss
- Stimmungsbarometer für die Einzelnen und für die Gruppe
- „Brief an sich selbst“

Radtouren

„Bicycle! Bicycle!"
Freddie Mercury

Im Feld der erlebnispädagogischen Aktionen fristen *Radtouren* ein eher wenig beachtetes Randdasein. Neben spektakulären Aktivitäten wie Klettern oder Schlauchbootfahren erscheint lediglich Mountain-Biking ähnlich attraktiv. Dabei besitzt das Radfahren einige Vorzüge: Es ist nahezu überall möglich, in der Regel verfügen die Teilnehmerinnen über ein eigenes Rad, die Anforderungen können entsprechend der unterschiedlichen Leistungsvoraussetzungen sehr individuell abgestuft werden, Gefahrensituationen lassen sich durch entsprechende Routenwahl deutlich reduzieren.

Beschreibung

Schwitzend Steigungen bezwingen, kaum schneller als Fußgänger, beschwingtes Dahingleiten zwischen blühenden Wiesen und leuchtenden Feldern, verbissenes Ankämpfen gegen Wind und Regen, rasante Abfahrt in rauschendem Tempo – Fahrradfahren vermittelt viele verschiedene Erlebnisse. In jedem Fall ist es aber eine umweltfreundliche Möglichkeit zur Fortbewegung, bei der im Gegensatz zum Wandern größere Strecken zurückgelegt werden und auch das Gepäck leichter transportiert werden kann. Auf den ersten Blick erscheint das Radfahren als eine sehr individualistische Tätigkeit. Hier geht es um Anstrengung und Leistung, um Ausdauer bei langen Etappen und Geschicklichkeit bei schwierigem Untergrund. Ist man allerdings gemeinsam mit einer Gruppe unterwegs, so kommen soziale Aspekte hinzu: Eine gute Planung und Abstimmung ist ebenso nötig wie gegenseitige Rücksichtnahme und Kompromissbereitschaft.

Gelände – Ort

- Fahrradwege, die sich meist in unmittelbarer Nähe zu stark befahrenen Straßen befinden, oder besser kleinere Straßen, die nur wenig frequentiert sind
- Forstwege, die für den Kfz-Verkehr gesperrt sind
- Die verschiedenen Regionen beinhalten unterschiedliche Vor- und Nachteile: Flache Küstengebiete sind häufig sehr windig, in Mittelgebirgslandschaften folgen auf anstrengende Steigungen erholsame Abfahrten.

Sicherheit

- Alle Teilnehmerinnen müssen Radfahren können sowie Kenntnisse der Verkehrsregeln und des Verhaltens im Straßenverkehr haben.
- Die Fahrräder müssen über die von Straßenverkehrszulassungsordnung (StVZO) vorgeschriebene Ausstattung (Beleuchtung vorne und hinten, zwei Bremsen, Glocke, Reflektoren vorne und hinten, an den Pedalen und Speichen) verfügen.
- Fahrradhelm ist für Teilnehmerinnen und Trainerinnen Pflicht.

- Abhängig von Alter und Selbständigkeit der Teilnehmerinnen sollte die Trainerin die geplante Tour bereits kennen, um eventuelle Gefährdungen ausschließen zu können.
- Die Routenwahl muss so erfolgen, dass besonders gefährliche Stellen (z. B. große Kreuzungen mit schnellem Verkehr) entweder gemieden oder durch entsprechende Sicherheitsmaßnahmen (z. B. Passieren in kleineren Gruppen) entschärft werden.
- Die besonderen Vorschriften der Straßenverkehrsordnung wie bspw. das Fahren als Verband bei mehr als 15 Teilnehmerinnen müssen beachtet werden.

Materialien / Ausrüstung

a) Jede Teilnehmerin
- verkehrssicheres Fahrrad und Fahrradhelm
- bequeme und wetterfeste Kleidung, die den unterschiedlichen Temperaturen (schweißtreibende Auffahrt, auskühlende Abfahrt) gerecht wird
- Sonnencreme und Sonnenbrille (auch gut als Schutz gegen Zugluft und Insekten)
- Bei Tagestouren genügt meist ein kleiner Rucksack, um Verpflegung, Wechselwäsche und Flickzeug zu verstauen, bei längeren Unternehmungen sind Satteltaschen besser.

b) Die ganze Gruppe
- Kartenmaterial, je nach Gruppengröße mindestens in zweifacher Ausfertigung
- Flickzeug und Werkzeug

c) Trainerin
- eigenes Fahrrad und eigene Ausrüstung
- eventuell Handy oder Funkgerät

Durchführung der Aktion

a) Vorbereitung / Vorwissen
- Überprüfen der Fahrfertigkeiten, ggf. Schulung durch kleine Fahrradgeschicklichkeitsspiele
- Planung und Vorbereitung der Fahrradtour, je nach Zielsetzung durch die Teilnehmerinnen oder die Trainerin
- Verkehrsregeln und Verhalten auf Straßen mit Autoverkehr bzw. Fußgängern

b) Vorbereitung vor Ort
- Überprüfen der Verkehrstauglichkeit der Fahrräder
- Kontrolle der Ausrüstung (Helme, Flickzeug)

c) Ablauf der Aktion
- Absprachen bezüglich der Reihenfolge, der Geschwindigkeit, der Haltepunkte
- Fahrt als Gesamtgruppe oder in Kleingruppen, möglichst unter „Leitung“ einzelner Teilnehmerinnen

d) Beendigung der Aktion
- Endpunkt der Tour ist der von allen Teilnehmerinnen erreichte, vorher vereinbarte Zielort (Übernachtungsstelle oder der Ausgangsort).
- Das Reinigen, Pflegen und Warten der Fahrräder gehört zur Aktion.

Variationen in der Durchführung

- Fahrradtouren können auch als Orientierungstour gestaltet werden, durch wechselseitiges Führen in Kleingruppen und Kontakt über Funkgeräte oder Handys (vgl. Orientierungstour).
- Häufig lassen sich andere Aktivitäten wie bspw. Klettern mit einer Fahrradtour kombinieren. Ob hier das Fahrrad lediglich als Transportmittel eingesetzt wird oder eine eigene Bedeutung im gesamten Setting bekommt, liegt an der Gruppe bzw. am pädagogischen Ansatz.
- Fahrradtouren können zur Problemlösungsaufgabe umgestaltet werden, bei der die Gruppe Informationen einholen, Rätsel lösen, Materialien transportieren, in Kleingruppen zusammenarbeiten muss. Hier sind der Phantasie der Trainerin keine Grenzen gesetzt.

Interventionen während der Durchführung

- Einhalten der Verkehrsregeln überwachen
- Einschreiten bei Verstößen gegen die Sicherheitsbestimmungen
- Unterstützung bei Pannen

Mögliche „Krisen“

- Durch ein zu unterschiedliches Tempo und mangelnde Rücksichtnahme bricht die Gruppe auseinander.
- In der Gruppe (oder in Kleingruppen) kommt es zu Streitigkeiten über Führungspositionen.
- Eine Gruppe, die einen Teil der Tour eigenverantwortlich durchführt, verirrt sich bzw. fährt einen Umweg.

Nachbesprechung

Inhalte

- Gruppenprozesse während der Vorbereitung, der Fahrradtour und dem Aufräumen/Pflegen der Räder
- Planungskompetenz
- Individuelle Leistungsfähigkeit und -bereitschaft
- Gegenseitige Rücksichtnahme und Verantwortung
- Kooperation in und zwischen Kleingruppen
- Führen – Geführt werden

Methoden

- Stimmungsbarometer
- Auswertungsgespräch in Kleingruppen
- Flipcharts zu einzelnen Themen
- „Brief an sich selbst"

Biwak

„Es geht bei dieser Hinwendung
zu einem ursprünglichen Selbsterleben,
wie es nur die kreatürliche Einbindung in eine harte Natur
zu gewähren vermag, nicht um die Flucht
aus der Zivilisation. (...) Das gelegentliche Hinausgehen
aus der gesellschaftlichen Normalität
stärkt uns für eben diese Alltagsexistenz.“

Ulrich Aufmuth

Beschreibung

Die Aktivität *Biwak* ist in der Planung dem Solo sehr ähnlich, doch unterscheidet sie sich in der pädagogischen Zielsetzung. Das Biwak steht oft am Ende einer Bergtour oder ist Bestandteil einer mehrtägigen Unternehmung – muss jedoch nicht grundsätzlich im alpinen Gelände durchgeführt werden. Der Schwerpunkt liegt auf dem Erlebnis, gemeinsam einen Abend unter freiem Himmel zu verbringen. Die Gruppe gelangt nach selbständiger Planung zu einem (meist) vorgegebenen Ort, um dort den Abend individuell zu erleben, gemeinsam zu gestalten und bis zum nächsten Morgen zu bleiben.

Gelände – Ort

Das Gelände muss so gewählt werden, dass für die gesamte Gruppe eine ausreichend ebene Fläche vorhanden ist, um zu übernachten. Der Idealfall bei der Platzauswahl ist eine Exposition, dass sowohl die Morgen- als auch Abendsonne den Platz erreicht. Ist das nicht möglich, ist der Vorzug einer ostseitigen Wahl zu geben, da es ein schönes Erlebnis ist, mit den ersten Sonnenstrahlen und der Wärme auf dem Schlafsack geweckt zu werden, in der Morgensonne zu frühstücken, aufzubrechen und den Platz wieder wie vorgefunden zu hinterlassen.

Sicherheit

Das Gelände soll objektiv sicher sein, für Notfälle muss auch während der Nacht oder in schwierigen Situationen ein Rückzug möglich sein. Teilnehmerinnen, die im Dunkeln, ohne Lampe, unterwegs sind, dürfen in kein gefährliches Gelände geraten können.

Materialien / Ausrüstung

a) Jede Teilnehmerin
- Isomatte, Schlafsack, für je zwei Teilnehmerinnen einen Biwaksack
- warme, feuchtigkeitsabweisende Kleidung
- Wechselwäsche, Handschuhe, Mütze

b) Die ganze Gruppe
- Kocher
- Verpflegung

c) Trainerin
- eigene Ausrüstung
- Funkgerät oder Handy

Durchführung der Aktion

a) Vorbereitung / Vorwissen
- Gemeinsame Planung der Tour
- längere Gehzeit (durch das schwere Gepäck) einkalkulieren

b) Vorbereitung vor Ort
- Es ist sinnvoll, den Biwakplatz ca. eine Stunde vor Einbruch der Dunkelheit zu erreichen, damit Absprachen vor Ort getroffen werden können und rechtzeitig mit dem Kochen begonnen wird.

c) Ablauf der Aktion
- Teilnehmerinnen übernehmen die „Abendgestaltung". Wahrscheinlich sind es die Stunden des Erzählens von Geschichten und Scharaden.

d) Beendigung der Aktion
- Platz wieder in seinen ursprünglichen Zustand zurückversetzen

Varianten zur Aufgabenstellung

- Es können unterschiedliche Zusatzaufgaben verabredet werden, z. B. ab einem bestimmten Zeitpunkt nicht mehr zu sprechen.
- Die Teilnehmerinnen bekommen Reflexionsaufgaben zu bestimmten Themen oder Ereignissen.

Interventionen während der Durchführung

- Besonderes Augenmerk gilt der psychischen Belastung der Einzelnen. Es sollte beachtet werden, dass vereinbarte Regeln (z. B. bzgl. Alkohol, Rauchen) eingehalten werden.

Nachbesprechung

Inhalte
- Wie verliefen Organisation und Ablauf der Abendgestaltung (z. B. das gemeinsame Kochen)?
- Naturwahrnehmung und Symbolik: „Die Stunde vor Sonnenaufgang ist die dunkelste ..."
- Psychische Belastung beim Übernachten im Freien
- Welche Gedanken und Erlebnisse wurden wahrgenommen?
- Welche Rollen wurden (nicht) verteilt?

Methoden
- Gespräch in Kleingruppe
- Gruppenbild malen
- Ereigniskarten

Solo

„Die einzigen Dinge, die man im Leben bereut, sind die, die man nicht getan hat!“

Elizabeth Dunkel

Beschreibung

Das *Solo* ist eine der anspruchsvollsten erlebnispädagogischen Aktivitäten sowohl in der Planung für die Trainerinnen als auch in der Durchführung für die Teilnehmerinnen. Das Solo setzt den Menschen sich selbst aus und sollte nur durchgeführt werden, wenn es sehr intensiv vorbereitet werden kann. Es setzt eine gute Einschätzung der Teilnehmerinnen voraus, ob diese den Anforderungen gewachsen sind.

Wie bei kaum einer anderen Aktivität lassen sich hier historische Entwicklungslinien der Erlebnispädagogik zurückverfolgen. Das Solo ist im angloamerikanischen Raum bei Outward Bound entstanden und einer der Höhepunkte eines mehrwöchigen Trainings. In seiner eigentlichen Form bedeutet ein Solo, dass die Teilnehmerinnen drei Tage und zwei Nächte mit sich vollständig allein sind. Nach einer Vielzahl von gemeinsamen Aktivitäten, Gruppenerlebnissen, körperlich und psychisch anspruchsvollen Unternehmungen konzentriert sich beim Solo die Aufmerksamkeit auf die Einzelne. Für diese drei Tage wird der Gruppenverband aufgelöst, die Einzelne ist auf sich gestellt und hat vor allem Zeit: für sich, für Wahrnehmungen, Intensität und Reflexion von Geschehenem. Im mitteleuropäischen Raum ist das Solo in dieser Form mit wirklicher Einsamkeit in wenig zivilisierter Landschaft kaum möglich und hat daher nie die Bedeutung erlangt, wie in Australien, Neuseeland, Kanada oder den USA.

Der Zeitraum ist meist eine Nacht, häufig wird aber auch bereits ein mehrstündiges Alleinsein als Solo bezeichnet. Die Gruppe wird aufgeteilt und die Teilnehmerinnen erhalten durch die Trainerinnen Plätze zugewiesen, wo sie übernachten. Die Plätze sind so gewählt, dass die Gruppenmitglieder keinen Kontakt miteinander haben; sie werden darauf hingewiesen, dass sie auch keinen Kontakt zueinander aufnehmen sollen. Es muss gewährleistet sein, dass die Trainerinnen jederzeit zu allen Teilnehmerinnen Zugang haben, sie also auch im Dunklen erreichen können und mit ihnen ein Notsignal vereinbart haben.

Gelände – Ort

Im Idealfall geht die Gruppe mittags bis zu einem gemeinsamen Zielpunkt. Dort haben sie Gelegenheit, sich voneinander zu verabschieden. Das Gelände sollte so gewählt sein, dass Wasser zugänglich ist, abseits begangener Wege liegt, sich nicht auf Weidegelände befindet und pro Person eine ausreichend große, ebene Fläche zum Übernachten vorhanden ist.

Sicherheit

Die Teilnehmerinnen bekommen eine Einführung über das Gelände, ökologische Zusammenhänge und mögliche Gefahrenquellen. Wichtig ist, dass vereinbarte Regeln eingehalten werden. Die Teilnehmerinnen müssen über die Möglichkeit eines Notsignals verfügen, um gegebenenfalls Hilfe anfordern zu können. Die Trainerinnen sind innerhalb kurzer Zeit (ca. 15 min) für jede Teilnehmerin verfügbar. Die Wetterlage muss ein Übernachten im Freien begünstigen. Findet das Solo im alpinen Gelände statt, muss es objektiv sicher sein.

Materialien / Ausrüstung

a) Jede Teilnehmerin
- Isomatte, Schlafsack, Biwaksack
- ausreichend warme Kleidung (insbesondere Mütze und Handschuhe)
- Kochgeräte und Verpflegung
- zwei Lichtquellen (Stirnlampe, Kerze)

b) Trainerin
- eigene Ausrüstung
- Funkgerät oder Handy

Durchführung der Aktion

a) Vorbereitung / Vorwissen
- Vorbereitung auf die psychische Situation
- Umgang mit dem Material (Kocher)
- ökologische Zusammenhänge des Übernachtens im Freien

b) Vorbereitung vor Ort
- Wenn die Gruppe den Ort des Solos gemeinsam erreicht, bekommt sie bestimmte Aufgaben, z. B. Beobachtung während des Tages bzw. der Nacht oder Reflexionsaufgaben. Für die Aufgaben ist eine schriftliche Formulierung hilfreich.

c) Ablauf der Aktion
- Die Teilnehmerinnen verbringen den vereinbarten Zeitraum alleine, je nach Intensität oder psychischer Stärke der einzelnen können die Trainerinnen zu Beginn des Solos die Teilnehmerinnen aufsuchen, um Fragen, Unsicherheiten oder Ängste abzuklären.

d) Beendigung der Aktion
- Das Solo selbst ist beendet, wenn sich alle Teilnehmerinnen zum vereinbarten Zeitpunkt wieder treffen. Findet das Solo im alpinen Gelände statt, bleibt die Führungsverantwortung der Trainerinnen bis zur Rückkehr zum Stützpunkt bzw. ins Tal erhalten.

Varianten in der Aufgabenstellung

Zentrale Überlegung bei Varianten in der Aufgabenstellung ist die psychische Belastung. Bei Menschen, die noch nie alleine im Freien übernachtet haben, ist sehr genau zu berücksichtigen, ob die einzelnen dies ertragen können. Der Wert des Solos liegt in der Erweiterung der persönlichen Handlungskompetenz und des Erfahrungsschatzes, und nicht in der Intensivierung von „Überleben". Das Solo sollte nur durchgeführt werden, wenn die Herausforderung zu einem Erlebnis gestaltet werden kann. Basierend auf diesen Überlegungen bieten sich unterschiedliche Varianten an:

- Es übernachten jeweils zwei Leute gemeinsam.
- Die Teilnehmerinnen sind tagsüber alleine unterwegs und finden sich für die Nacht an einem gemeinsamen Platz ein, wo sie aber ohne Kontakt untereinander bleiben sollen.
- In unmittelbarer Nähe gibt es eine Selbstversorgerhütte, die als Rückzugsmöglichkeit genutzt werden kann.

Intervention während der Durchführung

Die Sicherheit der Teilnehmerinnen muss zu jedem Zeitpunkt des Solos gewährleistet sein. Die Trainerinnen müssen bei Verstößen gegen vereinbarte Regeln, wenn sie ein Hilfesignal erreicht oder sie bemerken, dass die Belastung für einzelne zu hoch wird, eingreifen. Hier ist besonderes Fingerspitzengefühl für Nähe und Distanz erforderlich.

Nachbesprechung

Inhalte
- Welche Erlebnisse und Erfahrungen wurden gemacht?
- besondere Beobachtungen in der Natur zu bestimmten Tageszeiten
- Gab es Höhe- und Tiefpunkte im Verlauf des Solos?
- Wirkung von Tag und Nacht, Licht und Dunkel, Wärme und Kälte
- Konnten die gestellten Zusatzaufgaben bearbeitet werden?
- Nach was habe ich mich gesehnt?
- Was hat mir gefehlt?
- Was habe ich entdeckt?

Methoden
- Stimmungsbarometer
- Austausch in Kleingruppen
- Vorbereiteter Fragebogen
- Zeit zum Erzählen geben, damit Gedanken Gestalt annehmen und intensive Eindrücke mitgeteilt werden können

Schluchtüberquerung

Ein kleiner Sprung ist leichter als ein großer,
aber darum wird doch niemand,
der über einen breiten Graben setzen will,
zuerst mit einem halben Sprung hineinspringen.

Carl von Clausewitz

Schluchtüberquerung ist eine körperbetonte Problemlösungsaufgabe mit hohem Materialaufwand. Sie erfordert von den Trainerinnen einen routinierten Umgang mit Kletter- bzw. Speleoseilen und Karabinern sowie ein großes Maß an technischem Verständnis. Ebenso wie viele andere Problemlösungsaufgaben kann sie in Verbindung mit anderen Aktivitäten oder aber als Einzelaufgabe durchgeführt werden. Vielen Teilnehmerinnen erscheint dieses Problem zunächst unlösbar. Meist kommen dann recht schnell die Elemente ins Spiel, um die es bei der Schluchtüberquerung geht: Kreativität, Problemlösungsverhalten, Zusammenarbeit im Team.

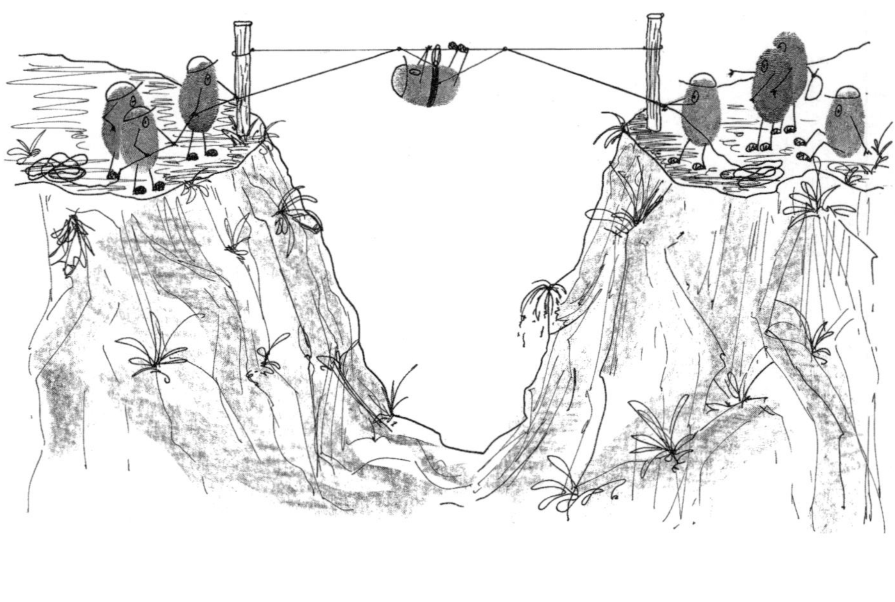

Beschreibung

Ein Geländeeinschnitt (Bach, Graben, Schlucht) muss von der Gruppe überquert werden, wobei lediglich eine Person durch die Schlucht gehen darf. Für die anderen muss mit Hilfe der zur Verfügung stehenden Materialien (Kletterausrüstung, Seile, Karabiner) eine Seilbrücke gebaut werden, an der sich die Teilnehmerinnen – eine nach der anderen – auf die andere Seite hangeln oder ziehen lassen können.

Gelände – Ort

Für eine Schluchtüberquerung ist zunächst ein möglichst starker Geländeeinschnitt notwendig, der nicht breiter als 25 bis 30 m sein sollte. Auf beiden Seiten der Schlucht muss es Möglichkeiten geben, Seile zu fixieren. Diese Verankerungen für die Seilbrücke müssen ausreichend stabil sein. Das Gelände sollte auf beiden Seiten der Schlucht gut begehbar sein (Naturschutz!) und auch ausreichend Standfläche für die Gruppe bieten. Für die erste Person muss ein geeigneter Übergang auf die andere Seite vorhanden sein. Dies kann mittels Ablassen durch die Schlucht oder – falls vorhanden – zu Fuß über eine Brücke geschehen.

Das Gelände muss so beschaffen sein, dass für die Teilnehmerinnen am Rande der Schlucht keine Absturzgefahr besteht. Eventuell muss ein Seilgeländer aufgebaut werden. Alle Teilnehmerinnen benötigen die komplette Anseilkombination, d. h. Hüft- und Brustgurt sowie einen Helm. Teilnehmerinnen mit langen Haaren müssen diese mit einem Haargummi zusammenbinden und unter dem Helm verstauen, damit sie nicht in den Karabiner gezogen werden können. Beim Überqueren der Schlucht können leicht die Finger durch den Karabiner gequetscht werden, wenn die Teilnehmerinnen sich am Seil auf die andere Seite hangeln.

Materialien / Ausrüstung

a) Jede Teilnehmerin

- Anseilkombination (Hüft- und Brustgurt) sowie Helm
- feste Schuhe (für einen guten Stand am Ein- und Ausstieg)
- bequeme, strapazierfähige Kleidung.

b) Die ganze Gruppe

- Seil, das mindestens doppelt solange ist wie die Strecke zwischen den beiden Fixpunkten). Wegen der geringeren Dehnung empfiehlt sich ein Speleoseil.
- ein weiteres Seil, das deutlich länger als die einfache Strecke ist (alternativ zwei kürzere Seile), als Brems- und Zugseil

dient und den Ausrüstungstransfer zwischen den beiden Seiten ermöglicht
- einige lange Bandschlingen, mehrere Karabiner
- Lederhandschuhe zum Hangeln (verhindern Quetschungen und Abschürfungen)

c) Trainerin
- komplette Anseilkombination
- Seilrolle und Reserveseil

Durchführung der Aktion

a) Vorbereitung, Vorwissen
- Umgang mit Anseilkombination sowie Kenntnisse der wichtigsten Knoten
- Kenntnisse über den Bau einer Umlenkung und eines Flaschenzugs („Bauern-Flaschenzug“)

b) Vorbereitung vor Ort
- Die Trainerinnen spannen eventuell ein Seilgeländer, um die Ein- und Ausstiegsstellen abzusichern.

c) Ablauf der Aktion
- Vor Ort erhält die Gruppe den Auftrag, die Schlucht zu überqueren.
- Dabei darf nur eine Person zu Fuß durch die Schlucht, alle anderen müssen mit Hilfe einer zu erstellenden Seilkonstruktion auf die andere Seite.
- Diese Konstruktion soll so gebaut werden, dass am Schluss alle Materialien auf der anderen Seite der Schlucht sind (bzw. dorthin gezogen werden können) und der Weg von dort fortgesetzt werden kann.
- Alle Teilnehmerinnen müssen bei der Überquerung der Schlucht gesichert sein.

d) Beendigung der Aktion
- Die Aufgabe ist gelöst, wenn alle Personen die Schlucht überquert haben und das Material komplett, d.h. einschließlich aller Seile auf der richtigen Seite ist.

Varianten in der Aufgabenstellung

- Zur Erleichterung der Aufgabe können die Trainerinnen am Fixpunkt auf der Einstiegseite eine Bandschlinge mit Karabiner anbringen, die dann von der Gruppe nicht mitgenommen werden muss.
- Einzelne Teilnehmerinnen haben „Handicaps“ (blind, stumm, einarmig).

- Es sind weniger Anseilkombinationen und Helme als Teilnehmerinnen vorhanden. Hier muss die Gruppe zusätzlich einen Materialtransfer zwischen den beiden Seiten organisieren.
- Zwei Kleingruppen kommen an den gegenüberliegenden Seiten der Schlucht an, bauen gemeinsam eine Seilbrücke und tauschen ihre Plätze.

Interventionen während der Durchführung

- Die Trainerinnen müssen überprüfen, ob jede Teilnehmerin Hüft- und Brustgurt sowie Helm korrekt angelegt hat.
- Sie überwachen das Ablassen der ersten Teilnehmerin und kontrollieren den Aufbau der Seilbrücke.

Mögliche „Krisen"

- Die Gruppe gerät aufgrund unterschiedlicher Vorstellung von Führung und Zusammenarbeit in Streit.
- Einzelne Teilnehmerinnen trauen sich die Schluchtüberquerung nicht zu.

Nachbesprechung

Inhalte
- Gruppenprozesse während der Planung und der Durchführung
- Verantwortung
- Rollen der einzelnen Teilnehmerinnen
- Kreativität und Phantasie im Team
- Qualität und Qualitätsmanagement
- Team-Arbeits-Prozess
- die „Schluchtüberquerung" als Metapher für den Arbeitsalltag

Methoden
- (Klein-)Gruppengespräch
- Bogen mit Selbsteinschätzung und Fremdeinschätzung zur Rolle jedes Teilnehmers bei dieser Übung
- Stimmungsbarometer für die einzelnen und die Gruppe
- Bericht einer Beobachterin (nicht der Trainerin) mit anschließender Diskussion
- Team-Arbeits-Diagramm

Orientierungstour

Sie hatten sich verirrt und waren im Kreis gelaufen.
John befahl, ein Notlager aus Eisplatten zu bauen.
Reid machte keinen Hehl daraus,
daß er lieber weitergegangen wäre,
einfach querab von der bisherigen Richtung.
„Dabei bleiben wir warm,
und irgendwo müssen wir ja ankommen!“
„Ich nehme mir Zeit, bevor ich einen Fehler mache“,
entgegnete Franklin freundlich.

Sten Nadolny

Orientierungstouren können auf verschiedene Art und Weise durchgeführt werden: zu Fuß, mit dem Fahrrad oder mit Booten, mittels Fotos, Karte, Kompass oder Beschreibung, als durchgehende Tour oder mit einzelnen Stationen, an denen es weiterführende Informationen gibt; in der Natur oder in der Stadt; als eigenständige Aktion, die dann wieder an den Ausgangspunkt zurückführt oder in Verbindung mit anderen Aktivitäten. Bei allen Variationen sind die Zielsetzungen ähnlich: Führen und Geführt-Werden, Kommunikation unter erschwerten Bedingungen, Umgang mit Abhängigkeit und Kooperation sind die Themen.

Beschreibung

Bei Orientierungstouren lassen sich zunächst generell zwei Varianten unterscheiden: Bei der einfacheren Variante führt die Kleingruppe B die vor ihr laufende Kleingruppe A und folgt ihr mit zeitlichem Abstand bis zu einem Punkt, an dem die Rollen zwischen den beiden Kleingruppen getauscht werden. Wesentlich komplizierter aber auch spannender ist eine Orientierungstour, bei der zwei oder mehr Kleingruppen auf unterschiedlichen Wegen gehen bzw. fahren und jeweils nur über die Wegbeschreibung für die andere Kleingruppe verfügen. Weitere Variationen entstehen durch die Art der zur Verfügung gestellten Informationen (Fotos, Beschreibung, Landkarte, Skizze, verschlüsselte Informationen) und den Zeitpunkt, wann diese Informationen den Teilnehmerinnen zugänglich sind (alle Informationen von Anfang an oder peu à peu an einzelnen Stationen).

Gelände – Ort

Für Orientierungstouren eignet sich wenig überschaubares, mit dichtem Wegenetz durchzogenes und den Teilnehmerinnen unbekanntes Gelände. Es sollte keine objektiven Gefahren wie Steinschlag, Absturzgefahr u. ä. aufweisen, damit die Gruppen auch ohne Trainerin unterwegs sein könnten.

Sicherheit

Da die Kleingruppen bei der Orientierungstour in der Regel alleine unterwegs sind, müssen sie für einen eventuellen Notfall gerüstet sein. Dazu gehört zum einen das Mitnehmen und auch Anwenden-Können von Erster-Hilfe, zum anderen die Möglichkeit, über Funk oder Handy Kontakt zur Trainerin aufnehmen zu können. Außerdem müssen die Teilnehmerinnen in ihren Kleingruppen zusammenbleiben.

Materialien / Ausrüstung

a) Jede Teilnehmerin

- Die persönliche Ausrüstung richtet sich selbstverständlich nach dem Medium, mit der die Orientierungstour durchgeführt wird, d. h. Wanderschuhe und -bekleidung, oder Fahrrad und -bekleidung, oder Bootsbekleidung.

b) Jede Kleingruppe

- Informationsmaterial, aus dem der Weg ersichtlich ist
- Funkgerät oder Handy (incl. Reserveakku)
- Notrufnummer
- Erste Hilfe-Set
- Trillerpfeife und Taschenlampe für den Fall des völligen Verirrens

c) Trainerin

- Funkgerät oder Handy
- Bei Handys ist lediglich die Erreichbarkeit gewährleistet, ein Mithören der Gespräche zwischen den Kleingruppen ist nicht möglich.

Durchführung der Aktion

a) Vorbereitung, Vorwissen

- Für die Trainerinnen ist die Vorbereitung sehr aufwendig. Sie müssen die unterschiedlichen Routen festlegen und gegebenenfalls ablaufen/-fahren, die Anweisungen und Regeln aufschreiben sowie die Materialien für die Kleingruppen zusammenstellen.
- Erfolgt die Orientierung über eine Landkarte, muss sichergestellt sein, dass die Teilnehmerinnen damit umgehen können.

b) Vorbereitung vor Ort

- Ausrüstungs-Check
- Sicherheitsbestimmungen und Notfall-Maßnahmen werden erläutert.
- Bedienung des Funkgeräts bzw. des Handys wird demonstriert.

c) Ablauf der Aktion

- Anweisungen in schriftlicher Form
- Übergabe aller weiteren notwendigen Unterlagen (Karte, Fotos etc.). Findet die Orientierungstour in sehr gut ausgeschildertem und stark frequentiertem Gelände statt, ist es sinnvoll, das Nennen von Wegnummern und Eigennamen sowie das Befragen anderer Personen auszuschließen.

d) Beendigung der Aktion

- Die Orientierungstour ist zu Ende, wenn alle Kleingruppen das Ziel erreicht haben und die Ausrüstungsgegenstände (Funkgeräte/Handys, gegebenenfalls auch Fahrräder oder Boote) aufgeräumt sind.

Interventionen während der Durchführung

- Wenn die Sicherheit der Teilnehmerinnen wegen Verlaufens/Verfahrens (z. B. Wege werden zu gefährlich, das Ziel könnte nicht mehr vor Einbruch der Dunkelheit erreicht werden) oder aufgrund mangelnder Ernsthaftigkeit (eine Kleingruppe führt die andere bewusst in die Irre) gefährdet ist, muss die Trainerin den Kleingruppen durch entsprechende Informationen helfen oder die Orientierungstour möglicherweise abbrechen.

Mögliche „Krisen"

- Abkommen vom geplanten/beschriebenen Weg führt zu Spannungen innerhalb eines Teams oder zwischen den Kleingruppen.

Nachbesprechung

Inhalte

- Gruppenprozesse während der Orientierungstour
- Umgang mit Abhängigkeiten
- Führen – Geführt werden
- „Die vier Seiten einer Nachricht"
- Kommunikation unter erschwerten Bedingungen
- Kooperation in und zwischen den Kleingruppen
- Verantwortung und Vertrauen
- Qualität und Qualitätsmanagement

Methoden

- Auswertungsgespräch, zuerst in den Kleingruppen, dann in der Gesamtgruppe
- Flipchart zu einzelnen Themen erarbeiten (in Klein- oder Gesamtgruppe)
- Stimmungsbarometer der Kleingruppe
- „Wunschliste" für ähnliche Situationen

Literatur zum Teil „Erlebnispädagogische Aktivitäten“

Allende, I. (1995): Paula. Frankfurt/M.

Aufmuth, U. (1984): Die Lust am Aufstieg. Was den Bergsteiger in die Höhe treibt. Weingarten

Baer, U. (1995): Spielpraxis. Seelze

Baur, J. u. a. (1977): Grundlagen des Kanusports. Lernen und Lehren im Kanusport. Stuttgart

Bedacht, A. u. a. (Hrsg.) (1992): Erlebnispädagogik – Mode, Methode oder mehr? München

Bundesverband der Unfallversicherungsträger der öffentlichen Hand e. V. (Hrsg.) (1993): Mit der Schulklasse sicher unterwegs. Sicherheitsratschläge für Unterrichtsgänge, Exkursionen, Wanderungen, Klassenfahrten und Heimaufenthalte. München

Castaneda, C. (1972): Die Lehren des Don Juan. Frankfurt/M.

Clausewitz, Carl von (1937): Vom Kriege. 15. Aufl. Berlin

Cornell, J. (1979): Mit Kindern die Natur erleben. Mühlheim/Ruhr

– (1991): Auf die Natur hören. Mühlheim/Ruhr

Cotti, R./Oberholzer, H. (1992): Kennen und Können. Werkbuch praktischer Jugendarbeit. 12. Aufl. Luzern

Denk, R. (1996): Richtig Segeln. 6. Aufl. München/Zürich/Wien

Deutscher Alpenverein (Hrsg.) (o. J.): Gruppen im Gebirge. Tips zur Führung. München

– (Hrsg.) (1992): Alpine Ausbildung. München

Dunkel, E. (1995): Unter dem Moskitonetz. München

Fluegelman, A. (1982): Die neuen Spiele. Band 2. Soyen

–, Tembeck, S. (1991): New Games. Die neuen Spiele. Mühlheim

Gilsdorf, R., Kistner, G. (1995): Kooperative Abenteuerspiele. Praxishilfe für Schule und Jugendhilfe. Seelze

Goethe, J. W. v. (1976): Faust I. 10. Aufl. München

Händel, U. (1998): Variationen zum Thema Erlebnispädagogik. In: Kölsch, H. (Hrsg.): Wege Moderner Erlebnispädagogik. 2. Aufl. München

Havens, M. D. (1992): Bridges to Accessibility. A Primer for Including Persons with Disabilities in Adventure Curricula. Dubuque

Heckmair, B., Michl, W. (2002): Erleben und Lernen. Einstieg in die Erlebnispädagogik. 4. Aufl. Neuwied

Hesse, H. (1964): Siddhartha. Frankfurt/M.

Hoffmann, M., Pohl, W. (1996): Felsklettern, Sportklettern. Alpin-Lehrplan Band 2. München

Jugend des Deutschen Alpenvereins (Hrsg.) (1995): Zum Thema Erlebnispädagogik. München
Koch, E. (1994): Höhlen – die unterirdische Faszination. Informationen für Fachübungsleiter und Ausbilder. Heft, 29–34
Kölsch, H. (Hrsg.) (1998): Wege Moderner Erlebnispädagogik. 2. Aufl. München
Krah, C. (1994): Der Schneeschuh. Tennisschläger mit Bindung und Harscheisen? Mitteilungen des Deutschen Alpenvereins, 6, 384–387
Kraus, L., Schwierisch, M. (1996): Die Sprache der Berge. Handbuch der alpinen Erlebnispädagogik. Alling
Linke, W. (1996): Orientierung mit Karte, Kompaß, GPS. 8. Aufl. Herford
Mello, A. (1997): Der Dieb im Wahrheitsladen. Freiburg
Messner, R. (1994): 13 Spiegel meiner Seele. München/Zürich
Nadolny, S. (1987): Die Entdeckung der Langsamkeit. München
Niklasch, G. (1993): Erlebnisraum Höhle ... aber sicher! In: erleben & lernen, 2 & 3, 45–47
Pallotiner Verlag (Hrsg.) (1983): Mein Freund der Berg. Gossau
Rébuffat, G. (1963): Zwischen Erde und Himmel. Zürich
Reiners, A. (1993): Praktische Erlebnispädagogik. 3. Aufl. München
Rohnke, K. (1984): Silver Bullets. A Guide to Initiative Problems, Adventure Games and Trust Activities. Dubuque
– (1989): Cowtails and Cobras II. A Guide to Games, Initiatives, Ropes Courses & Adventure Curriculum. Dubuque
Sakofs, M., Armstrong, G. (1996): Into the Classroom. The Outward Bound Approach to Teaching and Learning. Dubuque
Saint-Exupery, A. (1985): Die Stadt in der Wüste. 3. Aufl. München
Schrag, K. (1996): Bergwandern, Trekking. Alpin-Lehrplan Band 1. München
Stecher, R. (1996): Botschaft der Berge. 11. Aufl. Innsbruck
Steinwart, A. (1994): Wer hat schon Flügel. Gedichte. München
– (1995): Nicht aufzuhalten. Gedichte. München
Umbach, K. (1991): Mit Kindern und Jugendlichen im Gebirge. Ostfildern
Zube, M. (1992): Erlebnispädagogik als Unterstützung der Alltagspädagogik fester Gruppen. In: Bedacht, A. u. a. (Hrsg.): Erlebnispädagogik: Mode, Methode oder mehr? München

TEIL III

Standortbestimmung und Perspektiven

Sisyphus oder Odysseus? – Erlebnispädagogik zwischen Wagnis und Wandel –

„Seien wir uns bewußt, was wir wollen; bleiben wir standhaft und treu dem Geist, selbst wenn die Gewalt, um uns zu verführen, die Gestalt einer Idee oder der Bequemlichkeit annimmt."

Albert Camus

Dieser Beitrag versteht sich als Versuch, weiterzudenken, über die Grenzen des Bisherigen hinaus: literarisch, phantasievoll, zu kurz oder zu weit gedacht, ohne Anspruch auf Vollständigkeit, angreifbar, verbunden mit der Idee, auf dem erlebnispädagogischen Regenbogen zu spazieren. Der Titel bemüht zwei männliche Mythengestalten, doch nähern wir uns ihnen vom Symbolgehalt und weniger mit der Frage der Geschlechterzugehörigkeit. Erlebnispädagogik – Quo vadis?

Als „alleinerziehender Vater" der modernen Erlebnispädagogik gilt noch immer Kurt Hahn. Bisher wurde der theoretische Kontext meist in der historischen Darstellung versucht, um (scheinbar mühelos) neben vielen anderen Platon, Rousseau, Dewey und Hahn das elterliche Sorgerecht für die Erlebnispädagogik anzuerkennen. Lange stand die Frage, ob Erlebnispädagogik zur Mode verkommt, im Vordergrund. Seitdem trugen viele Tagungen den „Modetitel", eine große Anzahl von Fachartikeln, Vor- oder Nachworten begannen mit Mode, Boom, Konsum. Inzwischen geht der Trend zurück, ohne dass dies schlüssig beantwortet werden konnte.

Aktueller Brennpunkt scheint die Frage zu sein, ob Erlebnispädagogik als ernstzunehmende und eigenständige Disziplin gelten darf und damit im Olymp der Pädagogik seinen Platz zugewiesen bekommt. Zur Überprüfung steigen selbsternannte Götter von dort herab und suchen nach Kriterien für Wissenschaftlichkeit. Der göttliche Funken für den Eintritt ins Reich der pädagogischen Unsterblichkeit ist die Beurteilung von Wirkung, Transfer und Überprüfbarkeit. Wie bei allem Grundsätzlichen beginnt man auch hier zu definieren. Kornig gibt sich dabei große dialektische Mühe:

> „Als Erlebnis bezeichnet man eine Unterbrechung in den gewohnten Alltagsvollzügen, die subjektiv aufmerken lässt, die ein Gefühl der Besonderheit hervorruft – im Guten (‚Einen so romantischen Abend am Lagerfeuer habe ich noch nie erlebt!') wie im Bösen (‚Du kannst was erleben!'). Ein Erlebnis meint demnach eine Diskontinuität, die einen nicht gleichgültig lässt, die ein plötzliches Gefühl der unmittelbaren Betroffenheit hervorruft und mit einer Steigerung der Aufmerksamkeit sowie innerer und äußerer Wahrnehmung einhergeht. Reiz und Wert von Erlebnissen liegen darin, dass die Intensität des Lebens durch die Diskontinuität, die jedem Erlebnis eigen ist, gesteigert wird und diese Steigerung der Intensität oft als angenehm und sinnvoll erfahren wird – und zwar sogar bei eher unangenehmen Erlebnissen wie z. B. der Besteigung eines Berges trotz ungünstiger Wetterlage" (Kornig 1997, 373).

Scheinbar brilliant, vor allem weil sich beim ersten Lesen nicht gleich alles verständlich offenbart, lauert hier der Sieg des Geistes über das Erlebnis. Es ist der Versuch, die Schönheit des Erlebnisses auf ein intellektuelles Prokrustesbett zu schnallen. Sloterdijk charakterisiert das Ziel solcher Denkweisen sehr pointiert:

> „Es mehren sich Indizien, die es nahelegen, die Produktivkraftentfesselung als vereinten Effekt von polemischen und eschatologischen Motiven zu begreifen – als einen Heiligen Krieg des Superraubtiers Homo sapiens sicut deus gegen die Biosphäre mit dem Ziel, ein Endreich der anthropozentrischen Perfektion aufzurichten" (Sloterdijk 1987, 16).

Der Mensch braucht das Erlebnis, weil es ihm das Gefühl des Unfassbaren zuteil werden lässt. Dieses Unfassbare schützt das Erlebnis vor dem Menschen mit seinem Intellekt. Jeder Mensch, der in seinem Leben etwas erlebt hat, wird sich bei diesem definitiven Worthülsenschlauch fragen, ob das wirklich alles ist, denn ein Erlebnis beinhaltet mehr: dieses spürbare, aber nicht benennbare, nennen wir es Geheimnis, das wie durch einen Zauber geschützt, mit jedem Definitionsversuch verschwindet. Erlebnispädagogik braucht inhaltliche und fachübergreifende Auseinandersetzung, aber keine teleologische Letztbegründung. Erlebnispädagogik wird wohl nie in den pädagogischen Olymp einziehen und deswegen den Menschen zugänglich bleiben. Hesse schreibt in seinem Roman „Das Glasperlenspiel": „Ob du nun Lehrer, Gelehrter oder Musikant wirst, habe die Ehrfurcht vor dem ‚Sinn', aber halte ihn nicht für lehrbar. Mit dem Lehrenwollen des ‚Sinns' haben einst die Geschichtsphilosophen die halbe Weltgeschichte verdorben, das feuilletonistische Zeitalter eingeleitet und eine Menge von vergossenem Blut mitverschuldet" (Hesse 1972, 128). Entscheidendes Merkmal und energiebringende Kraft des Erlebnisses ist das Nichtdefinierbare; dies macht erlebnispädagogisches Arbeiten faszinierend, schwierig und immer neu. Das Geheimnis im Erlebnis wird sich der intellektuellen Präzisierung stets entziehen. „There are more things in heaven and earth, than are dreamd of in your philosophy", sagt Shakespears Hamlet zu Horatio (Shakespeare 1984, 108). Die Bedeutung der Erlebnispädagogik liegt im „more" und erst dann in der „philosophy". Wir rollen also weiterhin – wie Sisyphos – den erlebnispädagogischen Stein der Weisen den Berg hinauf, in dem sicheren Wissen, dass er uns wieder herabrollen wird. Eine sinnlose Tätigkeit? Albert Camus widmet dieser Frage sein wunderbares Buch „Der Mythos von Sisyphos". Darin beschreibt er den Augenblick des Abstiegs vom Berg, als den Moment unserer Freiheit. „Ich sehe, wie dieser Mann schwerfälligen, aber gleichmäßigen Schrittes zu der Qual hinuntergeht, deren Ende er nicht kennt. Diese Stunde, die gleichsam ein Aufatmen ist und ebenso zuverlässig wiederkehrt wie sein Unheil, ist die Stunde des Bewusstseins. In diesen Augenblicken, in denen er den Gipfel verläßt und allmählich in die Höhlen der Götter entschwindet, ist er seinem Schicksal überlegen. Er ist stärker als sein Fels" (Camus 1959, 99).

Kehren wir zurück zu unseren Anfangsüberlegungen. Die Entstehung der Erlebnispädagogik ist historisch und pädagogisch-chronologisch umfassend beschrieben. Was sollte diese „Bewegung" bewirken? Vielleicht lässt sich dies vorerst so beantworten: sie sollte strukturgebend sein. Nach dem Zusammenbruch Deutschlands durch die nationalsozialistische Ideologie entstand eine geistige Leere. Um diesem „horror vaccui" zu entgehen, entwickelten sich Überlegungen, welche Vorstellungen von Staat und Gemeinschaft ersetzend, orientierend und Sicherheit vermittelnd wirken können. Ein gelungener Versuch in diese Richtung war die Gründung der „Deutschen Gesellschaft für Europäische Erziehung (DGEE) e. V.". Bereits während des Krieges haben sich emigrierte Politiker und Pädagoginnen Gedanken gemacht, was wird und was soll mit der ideologisierten Jugend in Deutschland passieren? Minna Specht, als Mitglied des Sozialistischen Kampfbundes nach England emigriert, schrieb 1943 das bemerkenswerte Bändchen „Gesinnungswandel", das in England zunächst auf deutsch erschien. Darin greift sie den Gedanken auf, was nach den Jahren des Terrors der Jugend sinngebend erzieherisch entgegengesetzt werden könne. Im Vorwort schreibt sie: „Das Ziel unserer Vorschläge, die auf Erziehung gerichtet sind, kann seinem Sinn nach nur eines sein: eine andere Gesinnung in der deutschen Jugend zu stiften, als die im Faschismus gipfelnde Gewaltanbetung. Dieser Gesinnungswechsel betrifft vor allem das Verhalten zur Gemeinschaft; er tritt damit der politischen und wirtschaftlichen Neuordnung Deutschlands zur Seite; aber er richtet sich zugleich auf das eigene Leben, um dieses inhaltsreich, frei und schön zu gestalten" (Specht 1943, 5). Erlebnispädagogik sollte Persönlichkeitsentwicklung bewirken, zum Aufbau von neuen Strukturen für die Erziehung zu einer antifaschistischen und demokratischen Gemeinschaft. Lassen wir an dieser Stelle noch einmal Minna Specht zu Wort kommen:

> „Das heißt, wir suchen nach einem Ziel, das Politik und Erziehung eint, bei voller Anerkennung der Tatsache, dass Erziehung dieses Ziel in der freien Anerkennung des heranwachsenden Menschen verankert, während Politik die gesellschaftlichen Bedingungen schafft, unter denen jenes Ziel durch Einrichtungen gesichert wird" (S. 7).

In den letzten Junitagen des Jahres 1951 fand in Gordonstoun eine achttägige Konferenz statt mit dem Ziel, auch in Deutschland „Kurzschulen" zu etablieren. Die Ergebnisse mündeten in die Vereinsgründung der DGEE am 28. Juni 1951. Zielsetzung der Gesellschaft war, der Jugend in Deutschland Kontinuität und Richtung zu ermöglichen. Theodor Beuerle, später 1. Vorstand der DGEE, formulierte bereits in der ersten Sitzung als Ausgangsfrage: „Wie können wir der Jugend Hoffnung geben, wie die Kräfte der Gemeinschaft unter Verwurzelung in der Heimat am Nationalismus vorbei zur Brüderlichkeit aller Nationen führen" (DGEE 1951, 2)? Zentraler Gedanke war die Stärkung der individuellen, sozialen Kompetenz für das übergeordnete Ziel einer sozialen, tragfähigen, nationalen, jedoch nicht nationalistischen Gemeinschaft. Im Vordergrund der Diskussion stand stets der multikulturelle Gedanke und die Verpflichtung zum europäischen Denken. Zusätzlich zur Satzung wurde ein „Programm der Deutschen Gesellschaft für Europäische Erziehung" verfasst. Darin finden sich als geistige Herkunft und pädagogische Zielrichtung drei wesentliche Elemente formuliert: Wiederaufbau von gesellschaftlicher Struktur, Stärkung der Gemeinschaft und als historische Herkunft, der Bezug zu Hermann Lietz mit der Verpflichtung, dessen pädagogischen Ansatz weiterzuführen:

> „Der Zusammenbruch der Tradition, des Glaubens und des Vertrauens hat in der Welt der Jugend nicht nur eine Lücke hinterlassen, sondern eine Wunde in ihrer Seele, die nach Heilung ruft. Soll sie gesunden, so braucht sie in ihren Erziehern einen Freund, der an ihre Heilkraft glaubt und über die Hinsicht verfügt, sie in Bewegung zu setzen. Getragen von dieser Überzeugung, will die Deutsche Gesellschaft für Europäische Erziehung verschüttete oder bisher nicht angerufene Fähigkeiten in unserer Jugend wecken, Fähigkeiten die nicht der Befriedigung des Vorteils und der Lust dienen, sondern der verborgenen Sehnsucht nach Dienst und Gemeinschaft. Schon einmal hat ein Erzieher die Jugend auf diesen Weg geführt, damals als Hermann Lietz die Landerziehungsheim-Bewegung ins Leben rief. Der Rhythmus eines jugendlichen Lebens mit kraftvoller Anspannung körperlicher und geistiger Kräfte sollte der Jugend eine Entwicklung ermöglichen, die zum Tun und nicht zum Wissen befähigte" (DGEE 1951, o. S.).

Minna Specht war damals als einzige Frau Mitglied im Vorstand. Bemerkenswert ist, welche Menschen unterschiedlichster Herkunft sich damals treffen konnten: als „Exponenten“ Kurt Hahn mit klassischer humanistischer Bildung und Wertehaltung und Minna Specht, die sozialistische Kämpferin. Jenseits ihrer politischen Überzeugungen einte sie eine gemeinsame Idee. Dies ermöglichte ihnen gegenseitige Akzeptanz – unabhängig von „links“ oder „rechts“. Person und Wirken Minna Spechts sind es wert, zukünftig mehr in den erlebnispädagogischen Kontext einbezogen zu werden. Leider ähneln erlebnispädagogische Theorietexte manchmal Pawlowschen Hunden, die auf den konditionierten Reiz (Was ist Erlebnispädagogik?) nur mit den vier Verfallserscheinungen von Hahn antworten können. Um Missverständnissen vorzubeugen: Es geht hier nicht gegen Hahns Überlegungen, sondern für die Persönlichkeit Minna Spechts in der erlebnispädagogischen Diskussion. Ebensowenig ist eine Infragestellung der humanistischen Ideale und ethischen Ziele der Gründungsmitglieder der DGEE gewollt. Die vergangenen Jahrzehnte haben gezeigt, dass Idee und Konzept der Kurzschulbewegung visionär, realistisch und erfolgreich waren. Ziel unserer Überlegungen ist vielmehr die Frage, wo diese Gedanken in der heutigen Zeit ihre Bedeutung erhalten können. Die Ideen waren zu ihrer Zeit modern und sind es bis heute geblieben – doch die politischen Bezugspunkte haben sich verändert und müssen neu definiert werden. Die Entwicklung der Erlebnispädagogik nach dem Zweiten Weltkrieg – als Hauptrichtung vertreten durch die „Kurzschulbewegung“ – hatte die Aufgabe, Strukturen und das Bestandsprinzip wieder herzustellen. Das war der gesellschaftliche und pädagogische Auftrag und Ort für Persönlichkeitsentwicklung durch Erlebnispädagogik – historisch notwendig, wahrscheinlich überlebenswichtig, gelungen.

Am 9. November 1989 „fiel“ die Berliner Mauer. Der Osten begann sich zu öffnen – die für 40 Jahre bedeutsamsten konträren Systemstrukturen begannen sich aufzulösen. Der Ursprung dieser Entwicklungen ist früher zu suchen, doch ist diese Nacht im November der wichtigste Ausdruck für längst begonnene Veränderungen. Seitdem wird deutlich, dass sich politisch innerhalb Europas, in Deutschland und in gesellschaftlichen Systemen die Strukturen zu verändern beginnen. Individualisierung, Globalisierung und Neo-Liberalismus sind die neuen „Headlines“. All dies sind eindrückliche Indikatoren für den Wandel gesellschaftlicher und politischer Bedingungen.

Zurück zur Erlebnispädagogik: Weil die ursprüngliche Aufgabe – die Entwicklung von Struktur und Bestand – verschwindet, muss die Frage nach dem Ort der Persönlichkeitsentwicklung in der Erlebnispädagogik neu gestellt werden. Begleiten wir an dieser Stelle noch einmal Sisyphus auf dem

Rest seines Wegs vom Berg hinab zu seinem Stein, so werden wir feststellen, dass er diesen Stein, wenn überhaupt, nicht mehr oft auf den Berg rollen muss, denn die Veränderungen haben rasant begonnen und den Stein unserer erlebnispädagogischen Überlegungen wird es, wenn wir uns von Denkmustern lösen, nicht mehr lange geben. Was dann mit dem vielleicht „arbeitslosen" Sisyphus geschehen wird, mag die Mythologie entscheiden, denn hier trennen sich unsere Wege. Zentrales Ereignis ist nunmehr die Auflösung der Polaritäten. Hier findet Erlebnispädagogik zukünftig statt, hier liegen die neuen Fragen und Antworten. Wir stehen am Punkt des Dazwischens. Alte Strukturen, Sicherheiten und Sichtweisen lösen sich auf, neue Wege, Widerstände und Wandel eröffnen Perspektiven. In dieser Situation haben wir eine wichtige Aufgabe zu leisten: Vor dem Blick nach vorne steht der Blick zurück, denn wir sind die „Brückengeneration", die entscheidet, ja entscheiden muss: Was gibt uns aus der Vergangenheit Sicherheit, was nehmen wir mit, auf dem Weg in die Richtung des Offenen.

Diese Überlegungen sollen an einem Beispiel aus der Erlebnispädagogik verdeutlicht werden. „Ropes Courses" (Seilgärten) enthalten verschiedene Elemente, die unterschiedliche körperliche und psychische Anforderungen an die einzelnen und die Gruppe stellen. Ein inzwischen klassisches Element ist das „Glockenspiel". Zwischen zwei Fixpunkten ist in acht bis zehn Meter Höhe ein Drahtseil straff gespannt. Der Weg zwischen Ausgangs- und Endpunkt kann nur zurückgelegt werden, indem Stricke, die von oben herabhängen, als Hilfs- und Haltepunkte verwendet werden. Diese Stricke sind von unterschiedlicher Länge und haben auf der zu bewältigenden Strecke größer werdende Abstände. An ihnen sind Glöckchen verschiedener Tonlagen angebracht, so dass durch die Bewegung auf dem Seil ein „Klangkonzert" entsteht: Mich von der Ausgangsposition, dem sicheren Holzpodest, lösend, muss ich, um die Stecke überwinden zu können, Altes, Sicheres zurücklassen und nach vorne greifen. Gleichzeitig vermittelt der Griff nach hinten Stabilität. Habe ich den ersten Strick meines neuen Weges erreicht, werde ich mich von neuem entscheiden müssen, das Alte loszulassen und befinde mich nunmehr im Übergang. Um den nächsten Strick zu erlangen, halte ich den alten fest, dieser Moment zwischen den beiden Welten ist für unser Bild der entscheidende Augenblick: Auf einem wackeligen Drahtseil erlebe ich das Ereignis, dass ich Altes und Neues gleichzeitig in der Hand halte. Altbewährtes gibt Stabilität, Neues ermöglicht den Weg nach vorne. Um weiterzukommen, werde ich erneut loslassen müssen, aber mit dem Halt des Alten hinter mir.

Die Situation der Gleichzeitigkeit, symbolisiert durch den Griff nach hinten und nach vorne, spiegelt unsere Situation als Erlebnispädagoginnen und

-pädagogen wider: Wir schreiten voran, müssen Bewährtes loslassen, jedoch im vollen Bewusstsein um die Qualität und die Notwendigkeit des Vergangenen. Bevor wir unseren „Aufbruch" wagen, werden wir uns von manchem verabschieden, entscheiden, was wir mitnehmen, was uns Sicherheit gibt und wohin wir zurück können. Der Strukturwandel innerhalb der Erlebnispädagogik bedeutet einen inhaltlichen, aber auch personellen Generationswechsel. Wissen und Erfahrung der Vergangenheit, verbunden mit den Herausforderungen, Visionen und neuen Bedingungen der Zukunft ermöglichen uns in der Gegenwart das Leben dieser Gleichzeitigkeit. Daher ist der Begriff des Aufbruchs hier nicht treffend, denn er beinhaltet „Bruch" – und es geht gerade nicht um das Brechen mit Altem, mit Traditionen, sondern um Wandel und Wachstum. Von Bruch bleiben stets nur Stücke und Teile des Ganzen übrig und nach jedem Umbruch wird sich dieser, einmal etabliert, wieder „umbrechen" lassen müssen. Peter Sloterdijk bezieht sich auf Adorno, wenn er dieses Phänomen beschreibt:

> „Es war besonders Adorno, der frühzeitig auf die Risiken des ‚Geschichtsverlustes' vorausgeblickt hat. Er erkannte, daß der Mythos der Moderne sich selbst gefährdet, indem er das Moment der Diskontinuität und den Habitus des Bruchs mit den Traditionen unterstreicht; unweigerlich würden die Prinzipien des Modernismus eines Tages gegen diesen selbst zur Wirkung kommen" (Sloterdijk 1987, 25).

Es geht nicht um die divergierende Kraft im Umgang mit Vergangenheit, sondern um Wandel unter Einbeziehen und Wertschätzen des Alten: Nicht aufbrechen, sondern, in der jetzigen Phase der Gleichzeitigkeit, die Entwicklung der Erlebnispädagogik im Wandel zu gestalten. War das Ziel von Persönlichkeitsentwicklung Wieder-Erschaffung von Struktur, findet Persönlichkeitsentwicklung heute vor dem Hintergrund von Auflösung, Veränderung und Individualisierung von Struktur statt. Hier entsteht Entwicklung im Bewusstsein erhaltender Erinnerung der Erfahrung des Vergangenen, hier zeigt sich das Offene, hier werden Menschen, die erlebnispädagogisch denken, fühlen und handeln wollen, Neuland suchen.

Es beginnt die Zeit der Suche nach neuen Inhalten, wobei alten Ideen wieder Wert zurückgegeben werden kann. Mit dem Schlagwort „Lernen mit Kopf, Herz und Hand" lassen sich heute Staubsauger, Urlaubsreisen und pädagogische Programme begründen. Dieser Ausverkauf des Sinns sucht sein Gegengewicht. Der Ort der Persönlichkeitsentwicklung ist (meist) das Bewusstsein. Die englische Sprache verfügt hier über den treffenden Ausdruck „mind". Es bleibt uns noch der Versuch, hier einen Ausgleich, ja vielleicht den ursprünglichen Wirkungsort des Erlebnisses zu finden. Wir kehren zurück zum ursprünglichen Begriff der Seele. Psychisch, psychologisch,

Psychologie – alle diese Begriffe sind längst auch im erlebnispädagogischen Wortschatz etabliert. Der Ursprung des Wortes weist nicht auf eine kognitive Auseinandersetzung, sondern genau auf den anderen Teil, den transzendierenden Part, die Seele, hin. Karl König beschreibt in seinem Aufsatzband „Über die menschliche Seele“ als die unterscheidenden Eigenschaften von „mind“ und „psyche“ urteilen und begehren. „Im Urteilen haben wir damit eine geistige Tätigkeit vor uns, die dauernd Begriffe und Bilder schafft“ (König 1992, 31). Urteilen ermöglicht uns also ein ständiges differenzierendes Wahrnehmen der Umwelt, damit wir uns in ihr orientieren und bewegen können. Die zweite Qualität hingegen, das Begehren, beinhaltet die emotionalen Triebfedern der Psyche: „Allumfassend ist die Macht des Begehrens. Es entspringt in jenen Teilen der Seele, die innig verknüpft sind mit der Körperlichkeit, in der sie lebt. Hier ist die Region, in der die unbewussten Willensaktivitäten ihren Sitz haben“ (König 1992, 32). Erinnern wir uns dabei an die seelenbildende Kraft des Erlebnisses. William James und später Kurt Hahn sprachen von der Notwendigkeit, ein „moralisches Äquivalent des Krieges“ zu finden, um der Seelenenergie eine menschliche Richtung zu geben. „Vielleicht hat der Mensch nächst dem Hunger nach Erlebnis keinen stärkeren Hunger als den nach Vergessen“, schreibt Hesse in der „Morgenlandfahrt“ (Hesse 1982, 51). Um zerstörerische Kraft zu ertragen, sucht der Mensch Verdrängen und Vergessen. Die positiven Wirkungen des Erlebnisses finden in der Seele statt und schöpfen aus dem Erinnern und Erwachen.

Kommen wir mit allen unseren Überlegungen zum Gedanken des Wandels zurück. Unsere Lebensbedingungen verändern sich, und wie für Odysseus, der acht Jahre auf der Insel Ogygia bei der Nymphe Kalypso festsaß, besteht auch für uns nun die Chance, neue Positionen für die Erlebnispädagogik zu finden. Selbst wenn dies im sicheren Bewusstsein geschieht, zunächst zu scheitern, bleibt die Frage offen, ob am Ende die Heimkehr, weitere Irrfahrten oder eine andere Welt stehen. Beenden wir an dieser Stelle die Zeit des wartenden Festsitzens und suchen wir das Neue. „Doch auf! Fälle große Stämme und füge sie mit Erz zu einem breiten Floß zusammen und befestige ein Verdeck auf ihm, hoch darüber, damit es dich trage über das dunstige Meer!“ (Homer 1958, 67). So fordert die Nymphe Kalypso Odysseus auf, sich den lang ersehnten Wunsch der Rückkehr nach Ithaka zu erfüllen. Wir danken an dieser Stelle den Leserinnen und Lesern, dass sie uns bis hierher begleitet haben, sicherlich mit unterschiedlichsten Gedanken in „mind“ und Stimmungen in „psyche“, und laden sie ein, gemeinsam am Floß zu bauen und den Wandel zu wagen.

Literatur

Camus, A. (1959): Der Mythos von Sisyphos. Hamburg
– (1989): Hochzeit des Lichts. 2. Aufl. Frankfurt/M.
DGEE (Hrsg.) (1951): Konferenz in Gordonstoun. o.O., unveröffentlicht
Hesse, H. (1972): Das Glasperlenspiel. Frankfurt/M.
– (1982): Morgenlandfahrt. Frankfurt/M.
Homer (1958): Odyssee. Deutsch von Wolfgang Schadewaldt. Hamburg
König, K. (1992): Über die menschliche Seele. 3. Aufl. Stuttgart
Kornig, B. (1997): Erlebnispädagogik reflexiv? Versuch über Theorie und Methode der Erlebnispädagogik. Vierteljahresschrift für wissenschaftliche Pädagogik, 3, 367–387
Shakespeare, W. (1984): Hamlet. Stuttgart
Sloterdijk, P. (1987): Kopernikanische Mobilmachung und ptolemäische Abrüstung. Frankfurt/M.
Specht, M. (1943): Gesinnungswandel. Rochester

Niko Schad | Werner Michl (Hrsg.)
Outdoor-Training

Personal- und Organisationsentwicklung zwischen Flipchart und Bergseil

Mit einem Geleitwort von Rolf Knoblauch

(erleben & lernen; 6)

2. Auflage 2004
321 S. 4 Abb.
6 Tab.
(3-497-01689-6) kt

Im Band „Outdoor-Training" kommen mehr als 20 Autorinnen und Autoren zu Wort, die selbst Outdoor-Trainings durchführen. Im ersten Teil werden Zielrichtung, Methoden und Hintergünde der Trainingsform „Outdoor" untersucht. Stichworte wie Sicherheit und Transfer werden dabei ebenso angesprochen wie Kriterien für die Qualität eines Trainings. Im zweiten Teil des Bandes berichten Praktiker, wie Outdoor-Training in unterschiedlichen Unternehmen umgesetzt werden kann. Der dritte Teil beantwortet Fragen zur Ausbildung der Trainer und stellt wichtige Outdoor-Anbieter vor.

Aus dem Inhalt

Methoden und Hintergründe: Outdoor-Training – Regenwürmer oder Spanferkel? Outdoor-Training in der betrieblichen Weiterbildung. Natur und Outdoor-Training. Qualitätskriterien von Outdoor-Trainings unter die Lupe genommen. Design und Dramaturgie von Outdoor-Trainings. Die Verantwortung für den Transfer. Was kann und was muss im Training für den Transfer erfolgen? Schlüsselsituationen: Marksteine auf dem Weg zur Veränderung. Möglichkeiten und Grenzen von Outdoor-Training im interkulturellen Kontext. Sicherheit bei Seminaren mit erlebnisorientierten Lernmethoden. So präsentieren sich Anbieter von Outdoor-Trainings – eine Lesehilfe

Berichte aus der Praxis: Führungskräfte-Entwicklung einmal anders. Teamentwicklung einer Change-Management-Steuerungsgruppe. Das Unternehmensplanspiel für die „Deutsche Flugsicherung". Outdoor-Trainings bei der Deutschen Bahn AG. C4 – Company Country and City Challenge. „Opel – der Unterschied!". Fremde Welten als Trainingsraum. Ropes-Courses oder: Was kann man in sechs Metern Höhe lernen? Die überschätzte Wirkung von Hochseilgärten im Management-Training

Überblick: Anbieter von Outdoor-Trainings. Ausbildung zum Outdoor-Trainer

Johann R. Krauss
Der Abenteuerspielplatz

Planung, Gründung und pädagogische Arbeit

(»Kinder sind Kinder«; 24)

2003. 131 S. Zahlr. Fotos und Tab. (3-497-01652-7) kt

Johann R. Krauss schöpft aus seiner jahrelangen Erfahrung auf dem Abenteuerspielplatz und hat in diesem Buch zentrale Fragen beantwortet, die man sich bei der Planung eines Abenteuerspielplatzes unweigerlich stellt: Wie erarbeiten wir ein Konzept, wie setzen wir es um? Was müssen wir bei der Gründung eines Vereins beachten? Wie beziehen wir die Kinder und Jugendlichen ein? Welche Vorschriften müssen wir beachten? Die Beispiele geben einen Einblick, wie das Leben auf einem Abenteuerspielplatz gestaltet werden kann. Ein informatives Buch, das in die Tasche eines jeden Erlebnispädagogen gehört.

Thomas Lang
Kinder brauchen Abenteuer

(»Kinder sind Kinder«; 13)

2., erg. Auflage 1995. 80 S. (3-497-01369-2) kt

Spätestens wenn wir von gefährlichen „Abenteuern" wie S-Bahn-Surfen hören, müssen wir uns fragen: Wo sind Abenteuer für Kinder heute noch möglich, ohne gleich zerstörerisch und selbstgefährdend zu werden? Thomas Lang gibt Anstöße, wie wir Kinder zwischen 6 und 13 Jahren auf der Suche nach Abenteuern unterstützen können. Er erklärt in hervorragend verständlicher Weise, woher die Lust an der Spannung kommt und warum Kinder Abenteuer überhaupt brauchen.

EVENT
NATURE
Erlebnispädagogische
Expeditionen
Outdoor-Trainings
EVENT NATURE
Hoffmann & Hoffmann GbR
Holunderweg 30
24229 Schwedeneck
Tel.: 04308 - 18 37 00
Fax: 04308 - 18 37 01
e-mail: post@eventnature.de
www.eventnature.de